LOUIS GAUSSEN

MONTSÉGUR

ROCHE TRAGIQUE

Montségur ! Golgotha de la patrie romane.

Napoléon PEYRAT.

Sonnet-préface du félibre Augusto TEULIÉ

FOIX

IMPRIMERIE GADRAT AINÉ

Rue de la Bistour

1905

MONTSÉGUR

LOUIS GAUSSEN

MONTSÉGUR

ROCHE TRAGIQUE

Montségur ! Golgotha de la patrie romane.

Napoléon PEYRAT.

Sonnet-préface du félibre Augusto TEULIÉ

FOIX

IMPRIMERIE GADRAT AÎNÉ

Rue de la Bistour

—

1905

A JEAN VALLEUSE

Jean,

Les terrasses désertes de Montségur, ma roche aimée, et l'admirable pays d'Olmes, dans nos Pyrénées d'Ariège, regardent par delà deux cents lieues de bonnes terres françaises les terrasses de Boves, enguirlandées de lierres et de roses.

C'est à Montségur que j'ai rêvé ces pages d'Épopée.

Les mêmes faucons que suivait de là mon regard, errant sur l'immensité des vallées et des plaines, tu les as vu parfois jouer au-dessus des vieilles murailles chères à Gabrielle d'Estrées et à notre Henri. L'un d'eux a couvert un instant de l'ombre de ses ailes cette première page du livre que je te dédie et où peut-être tu reconnaîtras, flottant du moins entre les lignes, deux secrets aujourd'hui perdus et qui me sont chers comme à toi : l'amour de la Patrie et le respect des Morts.

L. G.

Foix, le 8 Octobre 1905.

MOUNTSEGUR

SOUNET

Montségur ! Golgotha de la patrie romane.
Napoléon PEYRAT.

O sant recatadou de nostris guerrejaires,
Qu'Esclarmoundo ajouquec ala-naut, prep del cel ;
O Thabor des faidits, chivaliés e trouvaires,
Es encaro quilhat sus toun fier roucatel !

De nostro glorio d'Oc, ô glorious toumbel !
Tas parets an rajat la sang de nostris paires.
E, bey, escabessat, veuse de toun cranel,
De l'âmo del Miedjoun portos le dol as aires.

Mais, aprets sies cents ans, verdejo l'oulivié
Sul cendrum des Martyrs ; e l'escur debrenbié
A mes soun abrigalh sus tant d'ourrousos causos.

Mentre que, sus ta crinco, anturous, toutjoun fier,
Tu semblos dire al Tems, al trouneyre, à l'hiver :
« Moun roc es eternal, tè : *Toco-y se gausos !* »

Augusto TEULIÉ.

MONTSÉGUR

. . . .

Enfants des héros et des martyrs, nous étions venus sur cette cime pour évoquer la mémoire funèbre d'un peuple encore inconsolé !...

Montségur, pris par les Croisés, disparaît pendant six cents ans. L'inquisition l'enveloppe de mystère et d'oubli. Nul ne sait plus son histoire. Froissard passe dans la plaine, et le chroniqueur flamand, si curieux ne questionne pas ce chevalier. Montluc, Brantôme, d'Aubigné, du Bartas, Olhagaray le

1

voient à l'horizon et n'interrogent pas ce grand témoin. Bayle le regarde, tous les jours, de Carla-le-Comte, et ce jeune et sagace investigateur ne consulte pas le vieux patriarche. Bayle est pourtant un enfant de Montségur. Aucun d'eux ne se doute que ces ruines renferment dans leurs flancs un monde de chevaliers, de troubadours et de martyrs. Dom Vaissette prononce le premier son nom, et Montségur se retrouve enfin, ses pierres sur cette cime, sa mémoire dans les cavernes de l'inquisition. Nous l'avons recueillie dans le cadavre desséché du monstre et dans la poussière des siècles.

La nuit tombait : nous ne pouvions nous arracher du cirque du grand holocauste. Nous murmurions les noms vénérés des deux cents martyrs, nous respirions leurs cendres, nous respirions leurs âmes. Nous partîmes enfin avec leur bûcher dans le cœur. Sur la cime de Serrelongue, nous perdîmes de vue Montségur caché par le rideau des bois. La lune se leva sur la Montagne Noire à l'orient, pour éclairer notre retour. Son crépuscule baigna de sa lueur douce, onctueuse et fantastique, ces gracieux vallons de l'Olmès d'où montait la vapeur du soir. Sa lampe sépulcrale convenait à notre exhumation d'un monde d'ombres et de rêves. Notre pèlerinage nous semblait lui-même un songe.

Nous descendions ces landes désertes entre-coupant de longs soupirs et de longs silences nos derniers entretiens sur Montségur. Un son lointain de cornemuse venait des villages environnants comme une plainte expirante du passé, et comme la voix éplorée des aïeux qui disaient : « Souvenez-vous ! »

Oui, nous nous souviendrons, ô héros, ô martyrs, ô ruines de Montségur !

NAPOLÉON PEYRAT.

I

L'originalité singulière qui frappe si profondément et d'une manière vraiment inou-
bliable dans la physionomie du château de
Montségur est-elle due à sa situation excep-
tionnelle, dans un site terrifiant, ou bien à la
puissance d'imagination, à l'extraordinaire
dépense de courage et d'énergie qui caracté-
rise la construction de cet imposant repaire —
l'un des plus terribles que le moyen-âge ait vu
s'édifier au-dessus des champs et des chemins ?
Il serait difficile de le savoir et encore plus de
l'expliquer. Peut-être un long séjour par les
murailles effondrées et la vaste enceinte où
sommeille un séculaire mystère finirait-il par
permettre d'analyser cette impression ; le touriste qui s'arrête là pour la première fois ne
saurait y prétendre.

... Montségur est le sanctuaire, la forteresse
et le sépulcre des héros Albigeois. Son nom
domine tout l'horizon de l'histoire méridionale,
comme ses ruines commandent encore l'im-

— 5 —

mense champ de bataille de l'Epopée romane.
Parler de ces pierres, pétries de foi, de sang
et d'héroïsme, c'est continuer et compléter ce
martyrologe, dont le souvenir était à peine
resté vivant parmi les populations rustiques
du Saint-Barthélemy. Montségur était oublié
depuis 600 ans. Il s'était perdu dans la nuit
du moyen-âge. On l'a retrouvé comme on a
découvert Palmyre au désert. De Lavelanet,
on nous en montra les murailles qui apparais-
saient, comme une tache sombre, sur les flancs
dorés du Saint-Barthélemy, vivement éclairé
du soleil couchant. Nous résolûmes aussitôt de
visiter ce berceau de nos ancêtres et ce tombeau de la Patrie Romane.

... Au sortir de Montferrier, le vieux donjon
apparaît vers le Sud-Est au fond d'une haute
gorge, qu'il barre de sa masse, campé tout en
travers, rapproché, mais à ce qu'il semble
inabordable, sur son roc morne et désolé. On
dirait un vaisseau foudroyé sur un écueil.

Nous remontions la rive droite du *Lectouire*:
la vallée que nous côtoyions était couverte de
maïs dont les feuilles à demi-desséchées laissaient entrevoir les longs épis dorés et cheve-
lus. Le chemin serpentait dans cette gorge iné-
gale, largement déchirée, et qui s'ouvre alter-
nativement sur d'étroites combes. Il monte
toujours, d'abord insensiblement et par de
longs circuits, puis tout-à-coup par de raides
et brusques zigzags : Ces gigantesques degrés
conduisent au pied de la montagne du château

sur la brèche du *Tremblement*. Nous en gra-
vissions lentement les rampes lorsqu'un tourbillon se leva du couchant : nous ne vîmes
plus à gauche les ruines sur notre tête ; elles
étaient enveloppées d'un nuage ; le vent
bruyant et plaintif roulait impétueusement la
nue antour des créneaux en l'effilant comme
un panache. De ce col élevé, une gorge nouvelle s'ouvre vers le Sud et descend rapide-
ment dans un val profond qui s'élargit en un
bassin triangulaire. Au fond de ce bassin on
tombe tout à-coup, par un chemin presque
vertical, sur un village qu'on ne soupçonnait
pas dans cet abîme. C'est le village de Montségur, assis au pied de trois montagnes, aux
crêtes grisâtres, aux flancs hérissés de noirs
sapins, et d'un aspect triste et sauvage. Un
torrent y met en mouvement quelques scieries
en fuyant vers la forêt de Bélesta dont les cimes
presque inaccessibles étaient autrefois peuplées
d'ours. C'est le grand Hers, l'Hers des montagnes et sa source formait avec celle de la
Garonne, et la section centrale des Pyrénées,
la limite méridionale du diocèse cathare de
Toulouse.

Le village. — Le village de Montségur est
un ramas de maisons, étagé par rangs parallèles, entrecoupé de ruelles tortueuses, jeté
sur la berge abrupte à l'aspect du Sud, et crou-
pissant dans la boue et le fumier des troupeaux.
Ces parcs à vaches, ces toits à porcs, voilà

donc, ce qui pendant plus d'un quart de siècle, fut l'asile de deux princesses, de grandes châtelaines naguère reines de cours d'amour, de barons et de chevaliers, héros de romans, de ballades et d'épopées.

C'était le dimanche, 4 septembre ; la cloche rustique sonnait l'office du matin ; et nous trouvâmes les habitants, presque tous bergers, bûcherons et cultivateurs, devant l'Eglise qui n'est elle-même qu'une grande cabane, un vaste bercail surmonté d'une croix. Empressés et respectueux, ils entourèrent aussitôt les étrangers et parurent flattés que nous fussions venus de loin visiter les ruines de Montségur. Mais nous ne tardâmes pas à nous apercevoir que les évènements dont elles furent le théâtre échappent à leur souvenir. Tout cet horrible drame n'a plus dans leur esprit que la vague et fantastique consistance d'un songe. L'homme n'a pas assez de mémoire pour toutes ces infortunes : à chaque époque ses douleurs, à chaque génération ses larmes. Le temps, la mort et l'Inquisition ont tout effacé. L'affreuse Inquisition, non contente d'exhumer du sol les ossements, s'efforçait encore d'extirper du cœur les souvenirs : il lui fallait des cœurs et des tombeaux déserts. L'histoire de leurs ancêtres a pour ces montagnards le merveilleux d'un conte arabe. Mais ils aiment ces héros ignorés ; ils sont fiers de ces martyrs inconnus, ils confondent ces géants avec les Sarrasins, les Ibères et les peuples fabuleux.

L'église de Montségur n'est, comme la foi de son peuple, qu'une construction informe et rustique. Elle ne remonte pas jusqu'au Moyen-Age ; et l'inscription latine que l'on déchiffre à grand peine sur la façade ne nous révéla que le nom du maire qui en fit récrépir les murs délabrés, il y a quelque trente ans. Mais nous avions hâte d'explorer la forteresse célèbre qui, nous l'avons vu, conserve encore pour ces bergers un reste de mystère et de vague prestige fatidique : « Allez, nous disaient-ils ; vous pouvez monter ; les *menjous* ont disparu, la montagne est claire ; vous n'aurez point d'orage ». Nous primes un guide, et après quelques heures de repos, nous montâmes aux ruines. Quelques jeunes pâtres eussent voulu nous mener aux fameux *Gourgs du Saint-Barthélemy*, urnes sauvages de l'Hers. Le curé assura que lorsqu'on y jetait des pierres, il en sortait des orages et du tonnerre. Nous n'étions pas venus cette fois, pour consulter les gouffres de la nature, mais pour interroger les gouffres de l'histoire et leurs lacs de larmes et de sang...

Deux légendes. — La forteresse albigeoise se voit à peine du hameau ; elle se présente latéralement sur son sommet : on dirait d'en bas une ruine cyclopéenne. Nous remontions le col d'où nous étions descendus le matin et nous repassâmes devant la tombe de *Ferrocas*. Qui était ce Ferrocas (Ferre-chiens) ? Un vieillard sceptique, nous dit notre guide, un philosophe des bois. On ne le voyait jamais à la messe, jamais au confessionnal. Il prétendait que la religion du prêtre était autre que la religion du Christ et que la religion de Dieu Le curé l'admonesta plusieurs fois ; il le dénonça publiquement du haut de la chaire ; il le menaça de l'enfer. Rien ne put ébranler le vieillard. Il ne voulut pas voir de prêtre à son lit de mort. Le curé résolut de faire un grand exemple et défendit qu'on portât son corps à l'église ni au cimetière. Il le fit enterrer sur la voie publique comme un chien. On lui creusa sa fosse ici sous une grande aubépine, et ce fut son monument funèbre.

Après que notre guide nous eût raconté ce petit épisode inquisitorial, nous l'interrogeâmes sur les origines de la forteresse. « Voyez-vous, nous dit-il, cette montagne que le col sépare de la montagne du château ? On l'appelle l'*Aire de l Espagnol.* Eh bien, ajouta-t-il sans sourciller, les maçons se tendaient d'une cime à l'autre la truelle et le marteau. » La distance est au moins d'un kilomètre à vol d'oiseau. Telle est la stature que la légende suppose à ces prodigieux constructeurs qui font ressouvenir de Babel. Mais qu'est-ce que ce géant espagnol qui pétrissait le ciment et taillait les blocs, et de son chantier les lançait aux ouvriers qui bâtissaient sur le plateau de Montségur ? Ne serait-ce pas une personnification de la race Ibère, quelque Géryon cantabre qui de cette cime avancée défendait contre les invasions de l'Hercule gaulois, les pommes merveilleuses des Hespérides, c'est-à-dire l'Espagne elle-même qui a la forme d'une grenade, à l'écorce de marbre et aux pépins d'or ?

Les origines. — Laissons les géants de la Fable et passons aux géants de l'Histoire. Les Romains ont donné son nom à Montségur. Et pour qu'il justifie ce nom significatif, ils durent construire sur cette cime un *Castellum*, avant-poste militaire destiné à maintenir la sécurité dans cette partie des Pyrénées. Ce Castellum était le frein du *Saltus* ou pays de Sault, dernier repaire des montagnards indomptés et insaisissables autour des gouffres druidiques, dans les escarpements du *Bocage* immense dont le dernier débris est la forêt de Bélesta. Cette induction historique est fortifiée par la fréquente exhumation d'outils et d'armes romains Il y a plus : On a trouvé, il y a quelques dix ans, une pierre antique marquée du millésime CCCXLI. Cette pierre, aujourd'hui encastrée dans les murs d'un ancien moulin provient, assure-t on, du Castellum, et donne peut-être la date de sa construction vers le milieu du ıv siècle. Quoiqu'il en soit, il est certain que Montségur est un anneau de cette chaine de forteresses dont les Romains fermè-

rent l'isthme pyrénéen depuis la Méditerranée
jusqu'à l'Océan.

Une tradition populaire veut, en outre, que
le château ait été repris sur les Sarrasins. Les
Sarrasins ont donc occupé Montségur. Leur
nom est partout aux alentours : au couchant
la ferme du *Moro* ; au nord, celle de *Moréos* ;
au levant, celle de *Morenci* ; plus loin, *Ben-
Aïs* ou *Massa-Barac*. Les Maures n'ont pas
laissé leurs traces seulement sur le sol, mais
encore dans le sang et jusque dans le nom de
ces montagnards. Notre guide s'appelle *Au-
douy* (*Aldouis*), et un ancien maire portait le
nom caractéristique d'*Aldabram*. Un pâtre
basané, en guenilles, coiffé d'un béret brun,
gardant, sur les pentes de la montagne un
troupeau de porcs noirs, nous offrit, à l'instant même, le plus magnifique type oriental.
Jamais teint plus almohade, ni face plus almo-
ravide. La figure de ce porcher était digne
d'un calife. Mais par qui furent expulsés les
Sarrasins ? Sous le château, près du village,
est un monticule nommé le *Carolet*, Sur l'autre versant des Pyrénées, auprès d'Andorre,
est le val de *Carol*. Quel est ce Charles ? Est-
ce Charles Martel ? Est-ce Charlemagne ?
Est-ce un descendant du César franc ? Est-ce
dans les guerres des Francs et des Arabes
que fut détruit le Castellum romain avec les
ruines duquel fut construite la forteresse albigeoise ?...,

Qu'importe au fond, et pourquoi nous arrêter à des conjectures historiquement insolubles ? Vers le milieu du col le pâtre s'arrêta : « Cette pelouse, nous dit-il, s'appelle *lou prat de la gleyso* et celle-ci *lou bieil cementeri*. Nous y venons faire des processions en automne, et l'on n'a qu'à creuser sous l'herbe pour trouver des ossements humains. » Le guide avait raison. C'est là, qu'après la Croisade, fut rebâtie l'église, au centre de son cimetière, au pied de la rampe du château, pour que de son rocher le capitaine pût surveiller les vivants et les morts ; cette église subsista jusqu'au xvie siècle, époque à laquelle le protestantisme fit son apparition dans ce vallon avec *le baron d'Audou, châtelain de Montségur et seigneur de Bélesta*. Le terrible *Claude de Lévis* détruisit cette église fondée par son aïeul, mais après sa mort, elle fut reportée au centre du village où elle était avant la Croisade et où nous venons de la voir. Au temps du siège, cette pelouse était donc déserte comme aujourd'hui. L'ennemi s'établit sur les hauteurs de l'ouest. « Ici, me dit le guide, sur l'*Aire de l'Espagnol* ; cet emplacement s'appelle encore le *Camp*. » La gorge et les rampes latérales furent le champ de bataille. Descendants des deux cimes opposées, les deux armées se rencontraient comme deux torrents dans la vallée, et cette pelouse où se jouent aujourd'hui de jeunes taureaux est l'arène retentissante où se heurtèrent les guerriers, où se passèrent les scènes sanglantes dont nous admirons les tableaux chevaleresques dans l'épopée du Tasse. C'est ici que fut construite la tour roulante de Montségur. Elle ne pouvait l'être que là, ou sur l'esplanade supérieure de l'Abès. Mais de ce dernier point, elle eut eu à franchir le col du *Tremblement* sous le feu grégeois du donjon. C'est donc sur ce pré que la tour de bois fut mise sur son chariot, et que le vaillant *Alzen de Massabrac* fut blessé en tâchant d'incendier la terrible *Gossa* (chienne) qui devait dévorer Montségur.

II

La montagne s'élève en ondulant de l'est à l'ouest ; sa cime s'élargit en tête d'éléphant. C'est sur son plateau qu'est obliquement posée la forteresse. Ce plateau escarpé de toutes parts, serait absolument inaccessible, si vers le sud-ouest, le rocher ne s'abaissait en talus rapide vers le col supérieur. Arrivés au pied de ce talus, à un demi-kilomètre des ruines, nous abordâmes de front la montagne. Nul sentier que celui des troupeaux qui viennent y brouter des tiges de fougère. Le chemin primitif est presque effacé ; des vestiges attestent pourtant encore qu'il était construit en maçonnerie ou taillé dans le roc. Nous allions gravir, en un quart d'heure, la rampe abrupte qui mit six mois à escalader la tour mobile. Cette lente ascension prouve et la raideur de la roche et l'acharnement du combat. C'est au bas de ce talus que tomba *Jordan du Mas-Saint-Andréo,* dit *le Vieux,* chevalier presque centenaire. Le chemin fait d'abord un long repli vers le nord, puis revient au sud, puis monte directement, rétrécissant de plus en plus ses zigzags, comme des lacets sur la poitrine d'une femme. Le sentier oblique qui les divise, fut évidemment tranché par le pic, et son abord était défendu par une barbacane avancée, ou tour à demi-circulaire. Cette tour, qu'un coridor crénelé et percé d'archères reliait au château, formait comme la trompe allongée de l'éléphant de pierre. C'est au pied de cette barbacane qu'il défendait contre l'horrible *Gossa* que fut tué *Jordanet du Mas-Saint-Andréo*, le héros et le martyr adolescent. La forteresse mutilée a perdu cette défense, et le sol penchant n'offre jusqu'aux murailles que l'aspect d'une carrière bouleversée et encombrée d'un énorme amas de rocs anguleux. Intacts du fer et purs du ciment, ces rocs brupts sont évidemment le reste des matériaux employés à sa construction, et en même temps les débris des projectiles lancés par les balistes. On dirait que l'architecte surpris par la guerre n'a pas eu le temps d'en déblayer les alentours. L'histoire confirme cette conjecture, et fixe avec précision par son ogive l'âge du monument. Il est des premières années du xiiie siècle (1204). On y travaillait encore, lorsqu'au commencement de la Croisade, la Patrie romane et la religion cathare vinrent réclamer cette Roche pour s'y préparer contre les hasards des batailles, un refuge et un sanctuaire aérien.

De la forteresse elle-même, il ne reste que ce que les démolisseurs et les ravages du temps n'ont pu parvenir à jeter bas. Et c'est beaucoup. Ces ruines sont magnifiques et terribles comme le chapitre d'histoire dont elles furent le décor. Il n'en est pas de plus évocatrices : en leurs restes dénudés, elles étalent ingénument le mystère formidable de leur passé.

L'architecte est inconnu. Peut-être était-ce *Escot-de-Linas*, le grand ingénieur des guerres albigeoises, ou *Bertran de la Baccalaria* qui, pendant le dernier siège, en manœuvra lui-même les balistes ? Mais quelqu'il fut, il était évidemment méridional. Il n'admet dans sa construction que la ligne droite et la forme rectangulaire. Il en exclut presque absolument la ligne courbe ; c'est d'autant plus significatif qu'elle est, à cette époque, la ligne génératrice de tous les édifices publics, cathédrales, forteresses, hôtels-de-ville, etc. Ces chimères, ces gorgones, cette monstrueuse ornementation, si communes dans les maçonneries de ce temps, sont rigoureusement bannies de la forteresse albigeoise. Nulle part, le serf infortuné du Moyen-Age ne s'y tord, comme dans la tour de Montagut, en cariatide grimaçante et grotesque. Nulle sculpture de violence, nul symbole de guerre, nulle idée de combat ni de mort. Point de tours ni de tourelles angulaires, ni même, à proprement parler, de meurtrières latérales, ni de fossés environnants

que les précipices : seulement une dentelure
de créneaux semblable à une couronne. C'est
moins un château qu'une arche de refuge,
moins un donjon qu'un autel de sacrifices.
Montségur, sans autre défense que l'escarpement de son site, trouvait, comme le cœur de
son peuple, sa sécurité dans son élévation, et
son calme dans sa proximité du ciel.

Après ce phénomène architectural, ce qui
frappe le plus dans ce château, c'est son exi-
güité. On s'étonne d'un si petit théâtre pour
tant de gloire et d'infortune et d'un si étroit
espace pour la mort d'un peuple et d'un siècle.
Le monument remplit exactement le sommet ;
il peut être long de cent mètres, large de vingt,
haut de dix jusqu'à la base des créneaux, et
l'épaisseur des murs d'environ deux mètres,
rétrécit encore ce champ d'un courage immense
et d'un héroïsme immortel. Au milieu de la façade s'ouvre une porte d'environ trois mètres
de hauteur, et c'est, de ce côté, l'unique ouver-
ture si l'on ne compte pas deux archères, ou
pour mieux dire, deux lucarnes, percées sous
les créneaux encore debout dans la partie du
nord qui formait le donjon. L'édifice est construit avec un calcaire brun, arraché de la cime
même, et qui donne à ses murs la teinte du
plomb et la dureté de l'airain. Cette couleur
ferrugineuse assombrit les montagnes environ-
nantes dont la plus haute a reçu le nom de
Montferrier. Le paysage est en deuil et sa
tristesse s'accroît encore la verdure funèbre

des buis, des ifs éplorés et de la grande mélan-
colie des sapins. De sorte que le vieux manoir
s'élève dans son site lugubre comme l'urne ou
plutôt le mausolée dévasté du clan pyrénéen.
Le temps, l'ouragan, la bataille qui envahit
tumultueusement sa plate-forme en ont défoncé
la voûte et lancé dans les ravins une partie de
ses créneaux. Le pic du montagnard s'efforce
encore parfois d'en arracher quelques pierres.
Mais voilà tout ; le temps, en somme, respecte
sa masse vénérable, et la décore même, non
de lierres, de giroflées et de cette végétation
dont il revêt les vieux manoirs gothiques,
mais en conservant sa nudité vierge plus belle
que les fleurs. A ses murs frissonnaient seulement quelques fibres d'alizier à la feuille si
élégamment découpée, et une églantine d'automne attardée dont le cœur de miel contrastait
avec ses pétales d'un rouge sombre.

Cette porte de pierre, où tant d'hommes,
tant d'années et de tribulations ont passé,
semble encore toute neuve. L'arc en est légè-
rement ogival : nulle trace de verrous, de
pitons, de gonds, ni de herse. Nous entrâmes,
comme à la suite du cortège cathare, et nous
nous trouvâmes dans une salle spacieuse. La
voûte, dont l'ogive est encore visible sur les
murs d'appui, forme aujourd'hui de ses décom-
bres le sol d'où le pic du montagnard a naguère déterré un squelette humain, des mon-
naies féodales et un vase de cuivre d'une forme
élégante et gothique. Nul vestige de compar-

timent, si ce n'est à l'angle intérieur du sud,
un carré semblable à un puits rempli de gra-
vois et que l'on appelle *la Citerne*. Nous
étions évidemment dans la salle capitulaire.
C'est ici que *Ramon de Perelha* réunissait ses
vassaux et pendant la guerre ses chevaliers.
C'est ici que *Guilhabert de Castres* prêchait
habituellement, adossé au mur de l'ouest et la
face tournée vers l'orient. C'est ici encore qu'il
fit la grande réorganisation de la hiérarchie
cathare destinée à lutter contre l'Inquisition
(1232).

Pendant que nous examinions la salle spacieuse, notre guide prétendit qu'il existait une
chapelle et il nous montra le mur de refend
qui divise environ un tiers de l'édifice au nord,
et dans ce mur à un mètre et demi du sol, une
meurtrière dégradée et considérablement élargie. Cette archère intérieure me révélait le
donjon. Mais comment pénétrait-on dans cette
partie du château? Nulle porte visible n'y
conduit. Nous avons remarqué tout à l'heure
un creux nommé *la Citerne*. C'était incontes-
tablement l'escalier descendant dans les souterrains. La sonorité du sol annonce une voûte,
et l'exiguïté relative du manoir fait supposer
l'existence de souterrains probablement im-
menses. C'était là le grenier, le magasin, l'arsenal et aussi les dortoirs des défenseurs de
Montségur. Eh bien, cet escalier aboutissait
en diagonale par les caves à l'angle occidental
de la grande salle. Là, au point de jonction du

mur d'enceinte et du mur transversal, s'ouvre
dans la maçonnerie un second escalier montant
du souterrain à la plate-forme La vis en est
détruite, et la chûte des gradins supérieurs
obstrue le fond de la tour, où l'œil admire
encore, sur la paroi circulaire, la grâce de sa
spirale. C'est par là qu'on pénétrait dans le
donjon, mais depuis que le souterrain est
fermé on n'y monte plus que par la grande
salle et par l'archère intérieure élargie et dégradée. Nous gravîmes par cette brèche dans
le donjon que la forme ogivale de sa voûte
récemment tombée a fait prendre pour une
chapelle. Le sol, plus élevé que celui de la
salle capitulaire, est couvert d'orties et de
grandes herbes. Deux meurtrières, d'un mètre
environ de hauteur, s'ouvrent sur le vallon de
Montségur, deux autres à l'opposite sur le
ravin de Serrelongue. Parallèles à la porte
dont elles ne défendent pas l'abord, les premières méritent à peine le nom de meurtrières ;
et les secondes, plongeant sur un horrible
escarpement à pic, ne sont en réalité que des
lucarnes d'observation qui surveillent les
montagnes dans la direction de Lavelanet.
Une porte intérieure conduit à un autre com-
partiment qui forme à l'extrémité du nord-
ouest un étroit et obscur réduit réservé
probablement au sommeil des gardes nocturnes qui se relevaient sur la plate-forme. Le
donjon, nous l'avons déjà dit, est la seule partie du château qui soit encore armée de son

énorme crénelure. Nous ne remarquâmes au-
cune trace d'animaux malfaisants, d'oiseaux
de proie ni de nuit, qui infestent d'ordinaire
les édifices ruinés du Moyen-Age. Soit que le
site soit trop élevé et l'air trop glacial, ou soit
que ces petits carnassiers frissonnent du meurtre immense qui s'exhale encore de ces ruines,
et s'enfuient de ce repaire de l'Inquisition,
comme des chasseurs de la caverne du tigre.

Les murs en sont crépis à l'intérieur d'un
ciment qui n'est probablement que du plâtre
rose que le temps a durci comme le granit. La
teinte en est encore vive dans le donjon, mais
délavée par les pluies dans la grande salle. A
noter que le ciment dont on s'est servi dans la
construction de la partie orientale du château
diffère sensiblement de celui qui scelle entre
elles les autres pierres de la forteresse, pour
se rapprocher dans sa composition chimique
du ciment dont on usa pour construire le castel
de Montagut. De la salle capitulaire où nous
sommes redescendus, une seconde porte extérieure, qui ne correspond pas à la porte principale et plus petite de moitié, s'ouvre à l'est
sur les derrières du château. Le rocher y
forme comme un balcon inégal, raboteux,
hérissé de grandes herbes, et bordé de broussailles qui se balancent sur l'escarpement
abrupt, immense, vertigineux : effroyable
fossé, tranchée de géants, justement nommée
l'*Abés*. Du fond de ce val, un contrefort de
rocher monte jusqu'au sommet pour étayer le

plateau qui suspend la forteresse sur l'*Abîme*. Ce contrefort, fléchissant, dirait-on, sous le poids, s'est brisé à mi-hauteur, et sa déchirure forme un éperon aigu où le pâtre s'est tracé un sentier pour descendre dans le ravin. Ce passage s'appelle le *Pas de Christolet*.

Le sacerdoce albigeois sortit par la porte de l'Est et se répandit sur la montagne vers les cabanes isolées sous les grands hêtres et les vieux chênes de la fenêtre. Le château se referma derrière les proscrits, et il se trouvèrent recueillis, comme dans une île de roc escarpée, inaccessible, aérienne. Assis au-dessus des nuées, adossé à un immense abime, flanqué d'abrupts escarpements, entouré de ravins dont la profondeur varie de 500 à 1000 mètres, uniquement accessible par le talus presque vertical du sud ouest, barré par sa masse crénelée et battu par ses balistes, Montségur pouvait se croire inexpugnable à tout ennemi qui n'accourait pas sur les vents, comme la faim et la mort. Cependant, à la défense naturelle des précipices, on avait cru ajouter quelques travaux d'art ; on avait évidemment clos le balcon oriental d'une porte, et accru, en déchirant le rocher, l'escarpement du mur méridional. Puis, deux kilomètres plus bas, on avait, à l'extrémité de la montagne, placé comme une vedette, une tour, dont on voit encore les restes, chargée de garder la gorge de l'Hers. Enfin, on avait posé en avant de la façade du château, une barbacane, dont la demi-lune se reliait à la porte principale, alors masquée, par un corridor crénelé et percé d'archères, et dont le prolongement figurait la trompe de l'éléphant. La forteresse, par cette disposition, se trouvait sans porte extérieure à l'ouest et sans autre accès que la poterne de la barbacane dont l'abord était défendu par les archères du corridor et du donjon.

C'est par cette poterne dérobée qu'était entré le sacerdoce albigeois. Mais habituellement par où donc pénétrait-on dans le château? Ici, la tradition vient en aide à l'histoire. Selon les pâtres, il existait un vaste système de souterrains ; il avait deux ramifications sinueuses : l'une reliait le château à la tour de l'Hers ; l'autre venait aboutir, par une spirale de trois mille degrés, au village de Montségur. C'est par cette bouche, aujourd'hui perdue, que la forteresse s'alimentait, s'approvisionnait, correspondait avec le monde qu'elle contemplait du sein des nuées. La montagne poreuse de sa nature, est donc creusée d'escaliers, de cellules et de corridors, et si l'on pénétrait dans ses entrailles on trouverait peut-être encore les tombeaux des chevaliers, des barons et des évêques morts à Montségur. Les alvéoles de cette ruche d'abeilles platoniciennes étaient des sépulcres. Il y avait donc deux colonies : dans le val, le clan servile et rustique ; c'est le hameau de Montségur. Sur la roche, la tribu chevaleresque et sacerdotale. Ses cabanes de feuillages, ses cellules, ses grottes éparses sous les chênes et les sapins de la forêt, s'étendaient entre le château et la tour de l'Hers. Mais, il n'en reste plus rien ; les maisons ont été détruites par les vainqueurs, leurs vestiges par les ouragans, et leurs souvenirs mêmes par les siècles.

Tel était Montségur : Mais quel que fût son escarpement, il fût pourtant escaladé. De quel côté? Du nord et du chemin de Lavelanet. L'ennemi rampa, comme un serpent, pendant la nuit, à une effrayante hauteur, sur les aspérités du roc vertical, et, tournant la base du donjon, aborda le trottoir oriental. Il frappa par derrière et en traître l'invincible château.

L'exploration du site et des ruines terminée, nous nous assîmes, curieux encore, à l'angle sud est du manoir, sur des roches revêtues de mousse. Et là, immobiles et silencieux, nous fûmes quelque temps à contempler, dans un mélancolique ravissement, le magnifique horizon pyrénéen qui entoure Montségur. A droite, dans le val, se cachait le village, aux maisons recouvertes de tuile rouge, disposées comme des ruches d'abeilles. A gauche, on découvrait l'Abès, où les vaches de Serre-longue paraissaient comme des agneaux. Au-delà, les villages moresques, et, dans le lointain, Lavelanet et la route blanche de Mirepoix. En face, vers le sud, un pic triangulaire, *Bidorto* ; près de sa cime une vaste grotte : on dirait une bouche de géant cou-

— 25 —

tractée d'effroi. L'Hers coule au sud de cette
montagne ; on le voit descendre de gorges
sauvages, plonger et replonger sous la terre,
comme une couleuvre effarée, puis serpenter
au levant dans des lointains grisâtres, ondulés
de montagnes semblables à des vagues, et
tigrés par les noirs sapins de la forêt de
Bélesta. Le torrent albigeois, après avoir
baigné Léran, Mirepoix, Mazères, se perd
dans l'Ariège. au-dessous de *Boulbone*, nécro-
pole des comtes de Foix. Symbole du catha-
risme, il sort d'un gouffre et finit près d'un
sépulcre. Le plus brillant soleil éclairait cette
scène alpestre ; il enflammait les neiges vierges
des Pyrénées et les vapeurs d s collines
fumantes comme des trépieds autour de Montségur, semblable lui-même à un immense
catafalque. Ces nuées éclatantes entouraient
comme d'une gloire ce sépulcre de la Patrie
romane.....

O voyageurs qui courez par les routes
d'Ariège à la recherche de sensations toujours
nouvelles, n'oubliez pas le chemin de Montségur, de cette citadelle aux ruines hautaines,
qui parlent le langage émouvant du passé, qui
gardent le reflet des héros et des événements,
et vous emporterez de votre visite à la *Roche
tragique*, une impression puissante et inou-
bliable, l'impression d'hommes qui viennent
de vivre quelques heures avec plusieurs siècles
d'histoire !.....

III

Bien avant le XIIIe siècle, le midi de la France, pays riche, let ré, de mœurs brillantes et relâchées, fort tolérant pour les Juifs, et de croyances assez flottantes, était suspect d'hérésie. Manichéens et Ariens avaient trouvé des refuges assurés dans les montagnes du pays toulousain, où, dès le VIe siècle, s'étaient cachés les Priscilliens ; le dualisme de Manès, les rêveries orientales des Gnostiques, l'arianisme des Goths, mêlés aux superstitions indigènes, autochthones, avaient préparé le terrain à l'hérésie cathare, grossier mélange de toutes ces doctrines ; aussi, dès la fin du Xe siècle, cette hérésie, désignée plus tard sous le nom des Albigeois, fit-elle de nombreux progrès dans la France méridionale et surtout dans le haut et bas Languedoc ; à la fin du XIIe siècle, malgré les prédications faites par Saint-Bernard à Toulouse, les sectaires s'étaient ouvertement organisés, opposant les Évêchés cathares de Toulouse, d'Albi, de Carcassonne, du val d'Aran et d'Agen, aux Évêchés catholiques.

Les Cathares, qui admettaient un Dieu bon et un Dieu mauvais et croyaient à la transmigration des âmes, n'avaient de chrétien que le nom, mais ils avaient su se créer de nombreux protecteurs dans les rangs de la noblesse, en attribuant aux seigneurs les domaines et les dîmes ecclésiastiques ; ils avaient séduit les populations par la pureté des mœurs et la simplicité de vie de leurs *parfaits*, qui contrastaient avec le genre d'existence des prélats et des abbés catholiques, seigneurs féodaux peu désireux de ressembler aux Apôtres, et dont le luxe effréné excita l'indignation de saint Dominique.

En 1165, a lieu le colloque de Lombers. Les sectaires y sont condamnés par l'Église. Deux ans après, forts de leur popularité, leurs chefs, les parfaits, se réunissent ouvertement en concile à *Saint-Félix-de-Caraman*, et, malgré une première tentative de croisade (1184), le manichéisme envahit de plus en plus le midi.

La population du Comté de Foix avait en grande partie adopté les doctrines de la Secte ; l'exemple part de haut : Esclarmonde, sœur du Comte, est au nombre des Parfaits, et Raymond-Roger laisse construire *(1206)* sur les domaines de sa sœur, le *château de Montségur*, destiné à devenir la forteresse inaccessible de l'Eglise cathare. Quant au Comte lui-même, il reste catholique, mais sans grande ferveur, semble-t-il, puisqu'en 1207, alors que, depuis trois ans, Innocent III demande au roi de France de laisser prêcher une Croisade contre ces nouveaux païens, Raymond, qui assiste dans son château de Pamiers à un colloque entre l'évêque d'Osma et les Parfaits, reçoit à sa table, à tour de rôle, un jour les prédicateurs catholiques, le jour suivant les Cathares.

En 1208, Philippe Auguste cède aux instances du pape et laisse prêcher la Croisade. Le nord catholique et pauvre se rue sur le midi à moitié païen et fort riche. En 1209 a lieu le sac de Béziers ; la cité de Carcassonne est prise, et Simon de Montfort, élu chef des troupes et « de la conquête », appelé par l'abbé de Saint-Antonin de Pamiers, se jette sur le Comté de Foix. Il s'empare de Mirepoix, l'un des centres hérétiques, occupe le château de Pamiers et oblige Raymond-Roger à lui donner comme otage son fils *Amaury*, jusqu'à ce qu'il se soit purgé des accusations d'hérésie formées contre lui.

De Montségur où il s'était réfugié devant la tourmente, le sacerdoce albigeois entendit coup sur coup retentir à l'horizon la chute des villes romanes : le massacre de Béziers, la soumission hâtive de Narbonne, la prise de Carcassonne et la mort de son héroïque vicomte. Quelques jours auparavant, arrivait au galop, dans la vallée de Lavelanet, une femme, suivie de quelques serviteurs à cheval, qui vint reprendre haleine à Montségur. C'était Agnès de

Montpellier, la jeune vicomtesse de Carcassonne, qui, dans la prévision des malheurs de sa maison, emportait son fils unique, suspendu à sa mamelle, dans les tours inexpugnables et sous l'invincible épée du Comte de Foix. *Ramon de Pérelha*, en son castel de Montségur, vit encore accourir auprès de lui les habitants fugitifs de Carcassonne, les familles éperdues du Rasez et du Lauragais, entre autres les chevaliers de Limoux, de Fanjaux et de Mirepoix. Les femmes, les enfants, les vieillards furent recueillis à Montségur, mais les hommes d'armes s'arrêtèrent à Lavelanet, Bélesta, Montferrier qui formaient avec Pérelha et Larroque, au pied de la montagne sainte, comme un demi-cercle de châteaux hérissés de tours, de balistes et d'archères. Ces châteaux, moins forts par l'escarpement de leurs sites que par le courage de leurs défenseurs se maintinrent pendant trois ans contre les Français. Mais en 1212, Gui de Montfort, frère du chef de la Croisade, Enguerrand de Boves, Robert, archevêque de Rouen, Robert, évêque de Laon et Guillaume, archidiacre de Paris, vinrent de Carcassonne et se jetèrent sur le pays d'Olmes. Lavelanet, cette fois, fut emporté d'assaut ; sa chute fit tomber les autres châteaux : leurs défenseurs les incendièrent et se replièrent sur Montségur avec leur chef, Ramon de Pérelha. Les Croisés en dispersèrent les ruines fumantes et suivirent pied a pied les chevaliers pyrénéens pour assiéger la citadelle patriotique, assise dans les nuées.

Gui de Montfort, maître de Lavelanet, déploya son ost comme un filet de Montferrier à Bélesta, et ferma les gorges de l'Hers et du Lectouire, de sorte que la montagne de Montségur se trouva cernée à sa base, au nord, au levant, au couchant. Mais elle respirait par le sud, et pour défendre la forteresse albigeoise, remplie de leurs femmes, de leurs enfants et de leurs vieillards, d'autres chevaliers accoururent soit par les gorges de la Frau, soit par les gouffres druidiques dont les ravins conduisent du côté de Lordat, dans la vallée de l'Ariège.

Gui de Montfort, remontant la rive droite du Lectouire, eut d'abord à gravir la chaîne de Serrelongue ; ses âpres gorges, ses pentes rapides hérissées de vieux chênes et de grands bouleaux étaient propices aux embuscades ; il parvint cependant jusqu'à la cime, c'est-à-dire au pied de la roche qui porte Montségur. Il crut, sans doute, qu'il n'avait qu'à dresser ses engins pour escalader le donjon, mais il se trouva tout à coup arrêté par un immense ravin naturel creusé au pied d'un roc à pic qui, semblable à une tranchée et à un bastion de géants, lui en défendirent l'accès. Le hameau de Morency, sur la croupe boisée de Serrelongue, tire vraisemblablement son nom du campement de Bouchard de Montmorency, beau-frère de Simon de Montfort, qui se posta en vedette, du côté du levant, au niveau même du château, dont il surveillait tous les mouvements, mais qu'il ne menaçait que de la voix et de la lance par dessus le val profond et l'inabordable escarpement de l'Abès.

Gui de Montfort essaya de gravir le passage de Montségur au nord, tandis qu'Enguerrand de Boves, tournant la montagne, tentait de forcer au sud le col de l'Hers. Guillaume, l'archidiacre, l'ingénieur de l'ost, dressa ses machines pour seconder leurs mouvements. Mais ils furent écrasés par le jet des calabres de Montségur : les chefs catholiques se hâtèrent de descendre, car le comte de Foix, qui venait de reprendre sur leurs derrières Mazères et Saverdun, pouvait les envelopper sur les croupes du Saint-Barthélemy.

…Plus tard, après le désastre nocturne de Muret, après la reddition volontaire du donjon de Foix, et la soumission effarée de tous les forts pyrénéens, Montfort vint en personne assaillir Montségur. Le géant de la Croisade s'efforça d'étreindre convulsivement la forteresse patriotique. Des hauteurs de Serrelongue, il lança contre la noble Roche ses meutes d'hommes et d'engins, ses *chattes* et ses *chiennes (gatta et gossa)* et son lion dont le rugissement faisait crouler les plus fortes tours. Ramon de Pérelha, Béranger de Lavelanet, Alzen de Massebrac, Pons Adhémar de Rodelha, Isarn de Fanjaux, Pierre-Roger et Arnauld-Roger de Mirepoix, l'évêque Gausselm, et la maison héroïque de Lautar, défendirent l'Arche sainte de la patrie romane et de la foi cathare. Simon ne fut pas plus triomphant que Gui ; le lion de Montfort redescendit une seconde fois vaincu des cimes du Thabor.

Quand les évêques se rendirent à Rome pour presser le pape de reconnaître Montfort comme légitime seigneur du Midi entièrement conquis, Montségur protestait inexpugnable dans les nuées. Le comte de Foix l'affirma d'un mot rapide, mais incontesté, devant le concile de Latran : « Montségur inexpugnable dans le ciel défie le Louvre et le Vatican ! »

La forteresse albigeoise, dans la ruine générale, demeura seule inviolée et resta jusqu'à la fin comme une oasis inaccessible, une île aérienne d'honneur et de liberté !...

Mais le roi de France, héritier des Montfort, mit alors sa griffe de lion sur les terres romanes, épuisées par vingt ans de guerre, et la conquête fut irrémédiablement fixée par le traité de Paris. L'Inquisition dévora les restes échappés à la Croisade et le sacerdoce cathare, à la tête des fugitifs, expulsés de leurs manoirs regagna de nouveau la Roche de Montségur.

Dès lors, Montségur fut, une seconde fois, l'asile des proscrits de tout le Midi ; pour la seconde fois, abritant dans sa grotte la Patrie

et la Liberté, ces deux ennemies irréconcilia-
bles de la théocratie, il osa regarder ferme-
ment en face, de son roc désert, le Louvre et
le Vatican, le roi de France et le pape de
Rome.

Représentons-nous encore Montségur, la
Roche et la Vallée. Sur la Roche, le donjon
qui la ferme au nord, et la barbacane qui la
garde au sud, crénelés, revêtus d'une crinière
de broussailles, et semblables à deux lions
accroupis, à deux monstres aux longues dents,
et dont la gueule déchire les nuages. Entre le
château, résidence de Ramon de Pérelha, et
la tour de l'Hers, demeure d'un chevalier,
avec ses hommes d'armes, s'étendait la cité
sacerdotale, les grottes des évêques, les cabanes des diacres, les cellules des parfaits, isolées et reliées par d'étroits sentiers serpentant
sous la forêt. On eût dit, à l'ombre des chênes
et des hêtres, une ces colonies ascétiques des
Pythagoriciens de la grande Grèce. L'été, ces
vieillards, errant dans la lumière et dans la
nuée, prenaient d'en bas aux yeux des montagnards, l'aspect fantastique d'un conciliabule
de génies, délibérant sur le trapèze de Montségur. L'hiver, l'ouragan pyrénéen les eut
emportés comme les feuilles des forêts qu'il
roule dans l'Abès. Les solitaires, dès que
l'automne s'annonçait, se réfugiaient dans la
foreresse, et, par ses souterrains, descendaient dans les entrailles de la montagne,
caverneuse de sa nature, et creusée profondé-

ment par le ciseau des *géants constructeurs
de Montségur*. Ses vastes flancs renfermaient
l'*armoire* ou l'arsenal des chevaliers, des
magasius, des salles, des dortoirs, des cellules, même des sépulcres. De longs corridors,
d'étroites galeries, des vis en spirales circu-
laient à travers ces divers hypogées et plongeaient tortueusement jusqu'aux racines de la
montagne, où de spacieuses grottes formaient
les écuries des palefrois. L'immense roche
était évidée comme une grenade : chaque
cellule recevait son solitaire et l'essaim sacré
se recueillait en silence dans la ruche colos-
sale dont il entendait sourdement au dehors
les tourbillons de l'hiver battre en mugissant
les flancs de granit. Ramon de Pérelha réchauf-
fait Guillabert de Castres et les évêques au
brasier du donjon qui fumait dans un ciel de
neige. Dès que le réveil d'avril brillait, ils
sortaient de leur crypte ténébreuse, et repre-
naient leurs domiciles aériens sous la forêt.

De la Roche, leurs regards plongeaient
comme dans un abîme, dans l'étroit vallon
de Montségur, apercevaient le village aux toits
plats, cannelés de tuiles rouges, étagés par
rangs parallèles, à l'exposition du sud, et
glissant sur la pente abrupte jusque dans le
ravin de l'Hers. C'est la cité laïque, la colonie
rustique et chevaleresque. Là vivaient les Lautar, les Bellissen, les Caramau : ces barons,
chassés de leurs nobles demeures féodales,
campaient sous des cabanes de bûcherons

avec leurs femmes ; ces poétiques reines de
cours d'amour parfumaient, de leur héroïsme
et de leur grâce, leurs huttes de pâtres, leurs
palefrois maures et leurs limiers espagnols,
errant pêle-mêle avec les enfants sous le toit
délabré des troupeaux. C'était un camp guer-
rier et pastoral, religieux et chevaleresque,
toujours retentissant du son des cors, des
abois des chiens, des hennissements des cavales, de bruits d'armes et de guerres, mais
entouré des grottes des solitaires, des bocages
des anachorètes, et dominé par ce capitole qui
répand, sur ce champ pyrénéen, un doux et
sombre mystère de mélancolique grandeur
sauvage.

De quinze lieues à la ronde, les pèlerins
saluaient comme un port la blanche cime du
Saint-Barthélemy dans les nuées. Les gorges
de l'Hers et de la Frau, du côté de Bélesta,
les bois de Serrelongue vers Lavelanet, le
vallon de Montferrier étaient constamment
sillonnés d'hommes montant et descendant les
rampes de Montségur. C'était le vénérable
Guillabert se rendant avec sa garde chevaleresque aux châteaux d'Ax, de Foix, de Rabat,
de Lordat, de Montalion et du Quérigut.
C'étaient des évêques revenant de leurs tour-
nées pastorales, escortés par les barons du
Quercy, de l'Albigeois, de l'Agenais. C'étaient
des marchands avec leurs ballots d'étoffes ou
de comestibles, sur leurs mulets au front
décoré de flocons de laine rouge, bleue ou

jaune et d'une large lune de cuivre eclatant. C'étaient des villageois poussant devant eux l'âne chargé de leurs offrandes rustiques. C'étaient des proscrits, des malades, des mourants : ils venaient chercher à Montségur, les uns la liberté, les autres la guérison. Bien des vieillards s'y retiraient dans des cabanes isolées, attendant tranquillement la mort sous la forêt sainte, où leur cendre espérait reposer éternellement.

Ce champ d'asile pyrénéen contenait environ six cents proscrits. Mais comment les cathares, campés sur la montagne sainte, communiquaient-ils, de leur aire, avec le village, la vallée, le monde ? Comment subsistaient-ils sur cette cime déserte et qui ne possède, aujourd'hui, ni une source d'eau, ni un fruit même sauvage ? L'étroit et tortueux sentier du château trop raide, trop scabreux, trop vertigineux, pour être habituellement gravi par des mulets chargés de lourds fardeaux, devenait absolument inaccessible quand l'hiver durcissait ses cascades de glace ou roulait ses tourbillons de ne'ge. La forteresse fermait l'unique accès de la Roche et les nuages qui, presque continuellement, flottent sur ses rampes abruptes, suspendent la cime lumineuse comme une île dans le ciel où les solitaires ne pouvaient être visités que par les oiseaux de proie.

La tradition vient là-dessus en aide à l'histoire. Les approvisionnements de la Roche se faisaient par le hameau ; c'est là que les muletiers déposaient leurs chargements. Les bourgs voisins, Bélesta, Lavelanet, Massabrac, le Peyrat, Léran pourvoyaient la montagne cathare. Leurs blés étaient broyés par les meules de l'Hers. Nous connaissons le meunier de Montségur. Pons-Ax exploitait naguère le moulin féodal dont on voit encore la noire écluse écumer en blanches nappes au pied du château de Lavelanet. Pons était au nombre des parfaits, et lorsque, selon l'usage de ces temps héroïques, les filles de Bérenger de Lavelanet et de Ramon de Pérelha descendaient de leur manoir pour moudre leur blé, elles tombaient d'abord aux pieds du meunier cathare en disant : « Mon père, bénissez nous ! — Que le Seigneur vous bénisse », répondait bénignement le vassal que la foi élevait un instant au-dessus de ses châtelaines. Après ce préliminaire sacerdotal, il faisait sa mouture. Pons-Ax, dépouillé de son moulin comme ses seigneurs de leur manoir, les suivit à Montségur, et reconstruisit ses meules sur le cours de l'Hers.

Un souterrain, alors dérobé, aujourd'hui perdu, pénétrait dans la montagne dont des peuples mystérieux avaient profondément excavé les entrailles de granit, comme les cellules d'argile des fourmis, et les alvéoles de cire des abeilles. Ces grottes formaient des salles, des dortoirs, des magasins, des greniers, et même des sépulcres. Un labyrinthe inextricable circulait de corridor en corridor, de galerie en galerie, et montait de spirale en spirale du village jusqu'à la forteresse dans les nuées. Le donjon féodal et la cité cathare s'alimentaient de ces magasins où s'entassaient les fruits de la terre et s'abreuvaient de ces réservoirs où se recueillaient les pluies du ciel. Il est d'ailleurs à croire que les bois entretenaient dans le creux des rochers des sourcelettes aujourd'hui disparues avec la forêt. Peut-être encore une étroite et tortueuse vis plongeait-elle de la barbacane du sud dans le ravin de .'Hers. Toutefois le village, étranglé dans ce profond et sombre val, ne pouvait recevoir tant de proscrits, fugitifs de tout le Midi : nécessairement ils campaient dans les grottes ou les cabanes de la forêt d'alentour. Jusqu'à cinquante chevaliers arrivaient à la fois avec leurs chevaux à Montségur. Les chefs seuls pénétraient dans le donjon, et les pèlerins désireux d'accomplir les rites sacrés étaient seuls admis dans la cité sainte. Le village hébergeait sous ses toits rustiques les barons étrangers, mais leurs coursiers étaient lâchés sur les bords herbus et murmurants du Gave. L'été, des troupes de cavales paissaient nuit et jour, comme des chèvres, sur les rochers, et ne rentraient dans les bercails qu'à l'approche des neiges. Pendant les six mois de l'hiver, les palefrois de Ramon de Perelha et des hommes d'armes du donjon, enchaînés dans leurs stalles de granit, sous les grottes obscures de la Roche, appelaient par des hennissements d'im-

patience, le retour du printemps, des longue
courses et des aventures de guerre. Vers la fin
de mars, hommes et animaux sortaient de
leurs cavernes. Alors, les guerriers préparaient
leurs lances, les chasseurs leurs arcs, les pê-
cheurs leurs filets. Les abois des limiers, les
hennissements des chevaux répondaient aux
fanfares des trompes de chasse et de guerre.
Les parfaits ne vivaient que de légumes, de
poisson et de miel, croyant en cela scrupuleu-
sement imiter le Christ. Ils recevaient de la
mer et de l'océan des charges de saumon ;
puis, on pêchait des truites de l'Hers aux
écailles mouchetées de brun et constellées
d'or ; on les poursuivait jusque dans les gouffres vierges, les grottes séculaires des lacs
druidiques. Les chevaliers qui vivaient de
proie traquaient l'ours dans la forêt de Bélesta,
poursuivaient l'isard de cime en cime, la géli-
notte, le coq de bruyère, jusqu'aux crêtes
neigeuses des Pyrénées.

Donc, tout fuyait de nouveau devant les
hordes du roi et du pape, devant l'armée des
moines inquisiteurs, et tout ce que le Midi
avait de noble et de vaillant accourait sous les
murailles de Montségur pour soutenir le suprême assaut.

Après la défaite du vicomte de Carcassonne,

la main de fer de la France et de l'Eglise
romaine s'appesantit plus lourdement encore
sur la Patrie romane. Prévoyant le danger
qui menaçait son pays, le comte Raymond s'in-
terposa entre l'insurrection et le roi : peut-
être espérait-il par là fléchir le monarque et
sauver les débris de la nationalité romane. Il
se trompait : pour expliquer sa conduite plus
que douteuse, il dut se rendre en France, et
rencontra Louis IX à Montargis (14 mars
1241). Le comte prêta serment au monarque
comme à son seigneur-lige, jura de le servir
envers et contre tous, de combattre ses ennemis dans le pays albigeois, d'expulser de ses
terres les faidits ennemis du roi, et de détruire
eur repaire, le château de Montségur.

A cette nouvelle, le Midi tout entier s'émut,
comme à une menace de mort. Pierre-Roger
de Mirepoix se hâta d'approvisionner la forteresse patriotique. Il descendit de la montagne
avec ses chevaliers et les diacres albigeois et
fit une tournée dans le pays d'Olmes, sur les
bords de l'Hers et du Lectouire. Quand il
trouvait du blé, des légumes ou de la farine, il
les achetait et les chargeait sur ses mulets.
Quand les villageois résistaient, il s'emparait
des récoltes et leur en laissait fixer le prix.
Plus souvent, ces pieux colons ne voulaient
pas accepter d'argent : ils partageaient leur
pain avec les fugitifs et les proscrits.

Dès que le bruit se répandit que Montségur
allait être assiégé, un ingénieur fameux — un

élève d'Escot de Linars, le grand ingénieur
des guerres patriotiques — accourut pour
munir la forteresse albigeoise. Il se nommait
Arnauld, seigneur du Villar, près de Fanjaux.
Dépouillé de son héritage, il résidait au val,
non loin de Cuelha, où vivaient aussi plusieurs
autres faidits illustres, tels que les Mir et les
Romegos, des environs de Carcassonne. Pendant les quatre jours qu'il fût au château, il
disposa les machines de guerre sur la forteresse et aux deux barbacanes. Puis, le vieillard redescendit de Montségur, mais laissant,
pour en défendre ses murailles, ses deux fils,
Jordan et Hugo du Villar, et bon nombre de
soldats fameux. Unis aux chevaliers de Pérelha, de Mirepoix et d'Aniort. ils guerroyè-
rent pendant quatre ans contre Simon : c'est-
à dire contre les sires de Lévis, de Bruyères
et les sénéchaux du roi de France. Simon de
Montfort était mort depuis près d'un quart de
siècle, mais son nom était resté dans les
esprits ; son affreuse image apparaissait dans
toutes les dévastations ; son horrible fantôme
rôdait encore rugissant autour des bois et des
rochers de Montségur.

Les défenseurs de la forteresse nationale
virent bientôt du haut de leurs créneaux parai-
tre l'ost du comte de Toulouse, montant par le
chemin de Lavelanet. Ils ne lui en disputèrent
pas les abords, ils ne le combattirent pas, ni
sur les pentes boisées de Serrelongue, ni dans
les rochers des villages mauresques. Ces ar-

chers étaient leurs frères de cœur et le comte était leur suzerain infortuné. Ils le laissèrent donc s'établir sur la cime appelée l'*Aire de l'Espagnol*, soit que l'ost fut commandé par Ramon d'Alfaro, chevalier aragonais, soit que le parti méridional, de race ibère et protégé par le roi d'Aragon, fut en dérision traité d'Espagnol par les conquérants qui ne pouvaient dénicher cet aigle de son aire. Mais si l'origine de cette dénomination est incertaine, aucun doute n'existe sur le lieu du campement, car il porte encore de nos jours le nom de *Campis*. Les tentes des assiégeants étaient presque à niveau et à moins d'une demi-lieue des assiégés, à vol d'oiseau. Les deux armées pouvaient, à travers le val profond, se parler du geste, si ce n'est de la voix, du sein des nuées. Ils occupaient les positions de ces géants qui, d'après la tradition fabuleuse, taillaient les pierres et les jetaient aux puissants constructeurs de Montségur. Puis le capitoul qui commandait l'armée toulousaine resserra comme en un filet les populations des alentours au pied des montagnes et au col des vallons pour bloquer la forteresse albigeoise.

Cette première expédition fut effectivement plutôt un blocus qu'un siège, un blocus même peu rigoureux. Les évêques, les chevaliers, les pèlerins, les marchands, les pâtres allaient et venaient à travers les postes. La nuit, les chefs ennemis venaient même entendre l'Evangile sur la montagne sainte. Il est notamment question d'un arbaletier, nommé Ramon Matfred de Saint-Michel, parent de quelque ministre cathare, que Pierre-Roger de Mirepoix, accompagné de Pierre Rouch, alla chercher, à la lueur d'une torche, devant la barbacane du château et qu'il introduisit à la prédication de l'évêque Bertran d'En-Marti. Néanmoins, il y eut des défis, des attaques, des combats ; mais ces combats, par leur bruit peu meurtrier, n'arrivèrent qu'à détourner les soupçons de la ligue que le comte de Toulouse ourdissait en silence avec les princes du Midi et les monarques de l'Occident.

Mais l'année suivante, Raymond VII, accusé d'un massacre exécuté dans un de ses châteaux, par son bayle et son neveu, et par la complicité des faidits de Montségur, qu'il aurait dû tenir bloqués sur leur cime, résolut pour se disculper entièrement de pousser avec plus de vigueur le siège de la forteresse pyrénéenne (juillet 1242). L'ost catholique cette fois ne se contenta plus de regarder complaisamment sur la cime opposée l'ost albigeois. Aux signes fraternels succédèrent les défis guerriers. De leur plateau aérien, les assiégeants descendirent dans la combe intermédiaire, remontèrent les berges rapides du château, et quelques combats rougirent de sang la pelouse de Montségur et plusieurs de ses défenseurs tombèrent cet automne, au pied de ses murs et de ses rochers.

Il est singulier que Raymond VII assiégea

Montségur pendant qu'il faisait la guerre au roi de France. Cette contradiction ne peut s'expliquer que par l'incohérence des sentiments de ce faible prince qui probablement voulait paraître orthodoxe en attaquant la forteresse hérétique, et s'attacher Rome en combattant la France. Mais des vallons de Lavelanet, de Montferrier, de Bélesta, où ils formaient le blocus, le combat s'avançait parfois, aux beaux jours, jusque sur les rampes du château, perdu dans un nuage de frimas.

Vers la fin de mai, après la fonte des neiges, l'ost de Toulouse remonta pour la troisième fois sur les flancs du Saint-Barthélemy, campa sur l'*Aire de l'Espagnol*, et les combats continuèrent vigoureux et meurtriers jusqu'à l'automne. Mais un jour, les défenseurs de Montségur virent l'armée toulousaine décamper de son repaire et lever le siège. Qui les faisait descendre ainsi avant l'hiver? S'avouaient-ils vaincus? Etait-ce une délivrance? N'était ce qu'une ruse de guerre? Quoiqu'il en soit, ils virent leurs ennemis, redescendus dans les vallées, s'éloigner pour ne plus revenir, dans la direction du nord. Le comte, à leur insu, obéissait à un commandement du roi de France, mécontent de son énergie à Béziers et de sa mollesse à Montségur. Aussi son départ imprévu n'était ni une victoire, ni une délivrance pour Montségur. C'était au contraire une menace et le signal d'une guerre à mort.

****

1245. — C'est au commencement de septembre que l'armée de Toulouse quitta ses positions du Saint-Barthélemy. Quelques jours après se répandit le bruit que les Français du Nord allaient assiéger Montségur. Aussitôt, à cette nouvelle sinistre, de nouveaux chevaliers accoururent s'enfermer dans la forteresse. De ce nombre furent Jordan et Ugo du Villar. Arnauld du Villar, leur père, était l'ingénieur de Montségur. Alors aussi vint Ramon-Guilhem d'Elcougost avec des faidits des environs de Limoux ; Ava et Saxa d'Elcougost, deux vieilles diaconesses qui se réfugiaient dans le castel après la prise par les croisés de leurs manoirs du Rasez et du Chercorb. Tous ces chevaliers allaient, en arrivant, recevoir la bénédiction de Bertran d'En-Marti, le patriarche johannite. Les populations apportaient de l'argent, des armes et des vivres. Les comestibles, comme toujours, venaient principalement de Lavelanet, de Laroque, de Bélesta. Enfin Ramon de Pérelha, que quelque office féodal retenait d'ordinaire à la cour de Foix, revint s'enfermer dans son donjon du Saint-

Barthélemy pour y mourir avec les derniers patriotes. Il avait rompu sans doute avec le comte Roger, depuis que ce prince s'était vendu à la France, et ce fut une rupture de cœur pour le vieux serviteur, le confident chevaleresque des grands comtes Roger-Bernard et Ramon-Roger, et de la sainte vicomtesse Esclarmonde. Disons ici que dans ce siège de Montségur on ne voit nulle part le comte Roger. Il semble par pudeur se cacher dans son castel de Foix. Peut-être s'était-il retiré dans sa vicomté catalane de Castelbon. Ainsi, Montségur, à son suprême instant, n'avait aucun des deux princes, ses patrons féodaux ; l'un était derrière les Alpes, l'autre derrière les Pyrénées, ou même, abandon plus coupable encore, dans son donjon de Foix, dont on pouvait voir monter la fumée au-dessus des cimes du couchant.

Des créneaux de Montségur, Ramon de Pérelha ne tarda pas à voir, vers le nord-est, sortir des longs replis des vallons et déboucher sur Lavelanet, l'armée du sénéchal de Carcassonne, lieutenant du roi de France. Hugues des Arcis avait rallié sur son chemin les sires de Limoux, de Chalabre et de Mirepoix, les fils des conquérants français. Le sénéchal de Toulouse lui conduisit un corps auxiliaire de Gascons. Enfin on espérait le concours de deux prélats guerriers, Durand, évêque d'Albi, et Pierre Amiel, primat de Septimanie, alors occupés à la convocation du Concile de Nar-

bonne. De lourds chariots attelés de bœufs et
de mulets traînaient péniblement, à la suite de
l'ost français, des provisions de bouche et de
guerre et des machines de siège. Hugues des
Arcis détacha, à droite et à gauche, deux corps
de milices rustiques qui, remontant les cours
de l'Hers et du Lectouire, se massèrent à
Montferrier et à Bélesta, et fermèrent ces deux
portes latérales de Montségur. Puis, à la tête
de ses chevaliers, il aborda directement, de
Lavelanet, les rampes de Serrelongue par le
Piboléo. A partir de cette bergerie, la route
accessible jusque là aux chariots, n'est plus
qu'un sentier penchant, abrupte, indécis, ra-
viné par les eaux. Ce n'est donc qu'à grand
renfort d'hommes et de mulets que le sénéchal
parvint à hisser, avec des traineaux le matériel
de siège, sur ces pentes rapides, herbeuses et
couvertes de bois. Le hardi Pierre-Roger de
Mirepoix vint attaquer l'ascension laborieuse
des Français, en s'embusquant dans la forêt
de hêtres et dans les plis de terrain qui avoi-
sinent les villages mauresques. De la plate-
forme du château et de leurs cabanes paisibles,
les évêques cathares regardèrent au-delà de
l'Ahès ces premiers et sanglants combats.
Mais le sénéchal, dégagé par les milices rustiques de Bélesta et de Montferrier dont la
jonction eût coupé la retraite au chef des faidits, parvint, malgré tous les obstacles, à
gagner le col supérieur jusqu'au pied de la
Roche, d'où, gravissant toujours à l'ouest, il

alla chercher pour son camp le plateau naguère occupé par l'ost toulousain sur l'aire de l'Espagnol. Dans cette position, les pavillons du sénéchal étaient à deux kilomètres de distance, au niveau même des créneaux de Montségur. Les Français occupaient le point où la tradition suppose que les géants taillaient les pierres qu'ils jetaient sur l'autre cime où leurs compagnons construisaient la forteresse cyclopéenne.

De l'aire de l'Espagnol, le canon pulvériserait aujourd'hui sous le choc direct des boulets, les créneaux de Montségur. Mais les machines de guerre du Moyen-Age étaient loin d'avoir une force de projection capable d'atteindre de ce point les murailles du château. Force donc fut au sénéchal de redescendre et de chercher des redans plus rapprochés pour y dresser ses balistes. Il résolut en outre la construction d'une *chatte* ou tour roulante. L'idée et la structure de cette barbacane mobile, appartient à l'évêque d'Albi, qui était l'ingénieur du siège et qui vint diriger la castramétation de la montagne de Tabe. Le sénéchal envoya ses charpentiers abattre dans la forêt voisine les grands sapins, les hêtres superbes, les chênes séculaires. Aucun enchantement n'épouvanta les bûcherons et ne vengea la violation de ces forêts druidiques. Le premier mois fut employé à la construction de cette machine formidable et à l'érection de sa spirale aérienne qui devait voir se renouveler, dans le val intermédiaire, ces combats épiques, si fréquents entre les Latins et les Musulmans, dans les Croisades orientales.

Un continuel combat se livra d'abord pendant un mois pour empêcher dans le val la construction de la tour de bois. Le hardi Pierre-Roger s'efforçait chaque jour de disperser les bûcherons, d'interrompre le travail des charpentiers, et de détruire les matériaux du fatal engin. Dans une de ces attaques le valeureux Alzeu de Massabrac, son écuyer, fut blessé grièvement, auprès des chantiers qu'il essayait d'incendier. Les Massabrac étaient d'origine arabe comme les Rabat. Les aînés s'appelaient toujours Alzeu. Ils étaient seigneurs des Ben-Azis (Bénaïs) et le nom de Massabrac désigne dans la même langue une forteresse. Alzeu, né au pied de la montagne de Montségur avait pour mère Abadaïs de Bélissen. Il était neveu d'Armand-Roger, cousin de Pierre-Roger, parent de tous les rameaux de Mirepoix. Ramon de Perelha avait recueilli tous ces déshérités en son donjon. Alzeu donnait son sang pour ce dernier refuge de sa maison et de sa patrie. Il tomba sur la pelouse à l'attaque des chantiers sur lesquels il lançait le feu et la mort, mais il ne succomba pas à ses blessures ; il guérit pour subir le long et lent supplice des basses-fosses de Carcassonne.

Malgré les efforts de Pierre-Roger, la tour mobile se construisit, et l'évêque d'Albi, qui l'assit sur son chariot, se chargea de lui faire escalader les berges de Montségur. L'énorme masse s'ébranla, mais son ascension, sur un talus presque vertical, ne s'effectua qu'au milieu d'un tourbillon d'assaillants. Elle mit cinq mois à gravir une rampe de cinq cents mètres, ce qui donne environ trois mètres par jour d'escalade. L'histoire se tait sur ces longs et tumultueux combats, où périrent plusieurs chevaliers albigeois, mais ce que l'on sait, c'est qu'à force de monter toujours, la tour mobile finit par atteindre le sommet de la pelouse : elle devait gravir le rebord de rocher, et franchir un étroit et tortueux défilé qui semble à peine accessible au sabot agile d'un mulet. Jordanet et Palaizi bordèrent ce ressaut avec les chevaliers de Montségur. Leurs lances et leurs flèches étaient soutenues par les balistes de la barbacane de l'ouest. Le combat fut acharné et décisif sur le sort de la forteresse. Un rocher lancé par les calabres de la tour de bois renversa Jordanet et l'écrasa dans sa coquille d'airain. Il avait vingt ans.

L'hiver arriva. Il règne d'ordinaire six mois à Montségur, et le donjon régulièrement est pendant cent jours enveloppé d'une tempête de neige. Ramon de Pérelha devait compter sur ce puissant et orageux auxiliaire. L'ouragan devait renverser la tour mobile, mal assise sur ses rochers, et en rouler les débris, avec ses soldats et leurs armures d'airain, comme les feuilles mortes dans le ravin de l'Hers ou dans la combe de l'Abès. L'hiver devait arracher les

tentes catholiques, comme des herbes sèches;
et livrer le sénéchal, les chefs croisés et tout
leur camp gelé sur l'Aire de l'Espagnol. Il
n'en fut rien : l'hiver fut une espèce de faux
printemps presque sans neige ; les tourbillons
et les frimas trahissaient la cause romane. On
continua donc de combattre sur cette cime à
peine glacée. La mort de Raymond de Carcassonne correspond aux jours de Noël mêmes.
Toutefois le départ du sénéchal et des chefs
catholiques pour le concile de Narbonne, joint
aux rigueurs inévitables de la saison, amena
quelque relâche dans la lutte, et permit aux
Albigeois de fêter paisiblement, selon leur
coutume, la naissance du Christ, sur ce sommet pyrénéen, son autel et leur sépulcre.

Cependant l'Aquitaine, la Provence, l'Espagne, l'Italie, le monde cathare tenait, dans une
anxiété palpitante, les yeux fixés sur Montségur. Le 1er janvier 1244, un messager, Jean
Rouch, de Saint-Paul sur l'Agout, pénétra,
malgré les postes ennemis, jusqu'au château.
Il venait voir son frère, Pierre, aide de camp
de Pierre-Roger de Mirepoix. Il revenait d'Italie et portait des lettres de l'évêque albigeois
de Crémone. Grâce à la protection de l'empereur Frédéric II, l'église lombarde était tran-
quille, mais elle s'inquiétait du sort de Montségur. Elle priait l'évêque Bertran d'En Marti,
d'envoyer deux frères affidés pour l'instruire
avec certitude de la situation de la forteresse.
D'autres messagers étaient venus précédem-

ment. Ils disaient : « Le comte de Toulouse arrive à votre secours ; tenez seulement jusqu'à Noël ». Noël était passé. D'autres encore ajoutaient : « Tenez jusqu'à Pâques, vous recevrez un puissant renfort de l'Empereur ». Cette aide tant de fois annoncée, était-elle une réalité, ou seulement une pieuse illusion, un désir fervent, destiné à relever le cœur défaillant de Montségur ? Nous l'ignorons ; mais la chevalerie romane, prisonnière dans ce donjon aérien, comme la captive du Drac dans sa tour, s'écriait : « *Palombelle blanche, ne vois-tu rien venir à l'horizon lointain ? O aigles qui volez en rond dans le ciel sinistre, que nous annoncez-vous par vos cris incessants ? Est-ce l'approche du Comte ou de l'Empereur ? Etes-vous la mort ou la délivrance, et voulez-vous nous emporter sur vos ailes ?* »

*
* *

Ni César, ni le Comte n'apparurent. Raymond VII abandonnait donc Montségur à ses tristes destinées. Mais où les princes font défaut, une femme se montrera : c'est Esclarmonde la jeune, Esclarmonde de Foix, épouse de Bernard d'Alion. Depuis dix ans, elle habitait les environs du Quérigut, mais son cœur était à Montségur, fondation, refuge et sépulcre de son illustre tante, l'ancienne Esclarmonde. Un jour, Bernard d'Alion et son frère

Arnauld de So, appelèrent Corbairo, un hardi chef catalan. Voilà, lui dirent-ils, 50 livres melgoriennes et 35 servants, et jette-toi dans Montségur. L'intrépide espagnol descendit par Montaillou et les gorges de la Frau. Mais il ne put forcer le passage de l'Hers, au pied de Montségur. Il fut repoussé, mais dans la mêlée nocturne, quelques-uns de ses compagnons pénétrèrent jusqu'au château. De ce nombre furent Ramon de Belvèze et Imbert de Salas, gendre de Bérenger de Lavelanet. D'autres y pénétrèrent encore avec Jean de Las Comas et Guilhem Mir de Cuella. Ces deux chefs étaient conduits par le diacre Mathio que laissaient aller et venir à travers leur camp les hommes de Camon qui gardaient la gorge de l'Hers. Guilhem Mir et Jean de Las Comas apportaient de l'argent, un heaume de fer, et deux arbalètes, don de Ramon de Moissac de Cuella à Pierre-Roger de Mirepoix, offrande suprême d'un pieux chevalier indigent à la patrie romane expirante. Une autre nuit, la forteresse éprouva une bien vive joie : elle vit arriver Bertran de la Baccalaria, Bertran, le grand ingénieur de Capdenac, frère d'un troubadour fameux, enfermé aussi dans ses murailles, séjour de tout patriotisme et de toute poésie. « Amis, dit-il, je viens de la part du comte Raymond. Courage donc, et si nous tenons encore sept jours, Montségur est sauvé. » L'arrivée du maître Bertran ranima l'enthousiasme des chevaliers patriotes. Mais qu'atten-

daient·ils au bout de ces sept jours? Est-ce le
roi d'Aragon ! Est-ce le comte de Toulouse?
Raymond VII ne délaissait donc pas Montségur, ou plutôt il l'abandonnait à Rome et le
soutenait à Toulouse. Ce fait montre l'esprit
troublé, combattu, incohérent de ce malheureux prince ; trouble lamentable mais doulou-
reux, et qui mérite moins la réprobation que
l'éternelle pitié de l'Histoire. Bertran de la
Baccalaria monta sur la plate-forme et prit la
direction des machines. Les chefs tinrent con-
seil dans le donjon. Tous se rangèrent aux avis
d'Arnauld Téouli de Limoux. Ce vaillant
faidit, venu au suprême instant pour mourir à
à Montségur, dit à Pierre-Roger de Mirepoix :
« Il faut briser la machine de l'évêque d'Albi.
Après cela, nous nous moquerons du roi de
France et de l'Eglise romaine ! »

Toutefois la lutte ne recommença qu'en février. Janvier avait gelé les deux camps.
L'hiver chassa les catholiques de l'Aire de
l'ouest. Ils descendirent dans le village et se
blottirent dans les grottes et dans les cabanes
groupées au bord de l'Hers. La tour mobile
s'arrêta sur sa berge comme un navire échoué
dans les neiges, et Montségur disparut sur sa
cime dans un tourbillon de frimas. Les chefs
cathares, colimaçonnés dans leur carapace de
granit, délibéraient paisiblement sous cet ouragan. Février ramena le printemps et les
combats. Le sénéchal et les chefs croisés re·
vinrent du concile de Narbonne. Ils remontè-

rent les flancs du Saint-Barthélemy avec l'évêque d'Albi et le primat de Septimanie. Durant, évêque d'Albi, était un constructeur, un organisateur puissant : c'est lui qui avait construit la tour roulante de Montségur et se chargeait de lui faire escalader la montagne jusqu'à ce que la forteresse de bois pût étreindre corps à corps la forteresse de pierre.

Le sénéchal revint donc sur son Aire, et l'évêque d'Albi à sa tour de bois. L'énorme machine, comme un serpent engourdi qui se réveille au rayon de février, se remit en mouvement sur la neige. Il s'agissait de gravir, aux trois quarts de la berge, et par une gorge en zigzag, un dernier redan qui la surplombait, et sur le roc duquel sa base eût conquis une assiette solide au niveau même de la barbacane de l'ouest. C'est en défendant ce défilé tortueux et tourmenté qu'avait péri Jordanet du Mas, et c'est là que s'accumuleront les efforts furieux des combattants. Cette ascension laborieuse, sur une berge penchante et disputée, ne put s'effectuer qu'au milieu d'un tourbillon d'assaillants, d'une nuée de flèches, et d'une tempête de rochers lancés par les balistes de Montségur. L'histoire a beau se taire ; la montagne raconte elle-même cette guerre de géants ; les pierres jonchent encore le sol, comme les débris d'une carrière abandonnée, ou comme une grêle d'aérolithes. Dans cet ouragan de rocs, roulaient en bourdonnant dans l'air, pareils à des bombes, des pots d'argile sphériques, d'où jaillissaient, en éclatant contre la tour de bois, des flots d'huile fumante, de résine liquide, et de feu grégeois. Les assiégés exécutaient des sorties nocturnes, pour seconder l'incendie, et réduire en cendres la tour gigantesque qui se fût écroulée dans l'abîme avec tous ses soldats brûlés dans leurs coquilles d'airain. Mais, malgré leurs efforts acharnés, les défenseurs de Montségur échouèrent contre l'horrible *Gossa*. Poussé par l'armée catholique, l'énorme engin, semblable à une tortue monstrueuse, s'avançait en mugissant et s'établit solidement sur la crête du rocher en face de la barbacane de l'ouest. La tour catholique de bois assaillit vaillamment la barbacane cathare de pierre, et Montségur avec ses balistes dégingandées, aux gesticulations furieuses, convulsives, effrayantes, avec ses galles dont les becs et les serres s'attaquaient, comme des oiseaux de proie, dans le tourbillon sifflant de flammes, de flèches, de rochers qui s'entre-choquaient dans l'air, offrait l'image fantastique d'une guerre de ces géants qui l'avaient construit et qui maintenant le bouleversaient sur son sommet foudroyé. Toute la montagne combattait : les machines sur la plate-forme, les chevaliers aux créneaux, les archers aux meurtrières, les servants aux poternes. Les femmes erraient de groupe en groupe, exhortant les guerriers, relevant les blessés, roulant des projectiles, et du haut des murailles, lançant, échevelées, l'huile, la flamme ardente, et les menaces prophétiques. Et cependant, du haut des rochers, des vieillards avec les enfants éplorés priaient à genoux et suivaient d'un regard effaré, le tumulte orageux de la bataille.

Une nuit, arrive Escot de Belcaïré du pays de Sault, comme un suprême espoir. Escot est chargé d'une mission secrète ; il en confère avec les chefs et repart avant la clarté de l'aube. La nuit suivante, il annoncera l'approche d'un secours par des signaux de feu. La nuit, après le combat du jour, arrive enfin et avec elle le repos. Mais Pierre-Roger ne dort pas : inquiet et l'œil ardent, il regarde les cimes qui dentellent l'horizon du sud. Tout-à-coup le pic de Bidorta — celui dont la grotte s'ouvre comme une bouche contractée d'horreur — s'illumine dans les ténèbres : « Courage, amis, s'écrie-t-il, le comte Raymond, notre seigneur, vient au secours de Montségur !... »

Ce n'était pas le comte Raymond. Ce malheureux prince était à Rome, baisant la mule du nouveau pape, Innocent IV. Mais c'était son vassal, *Loup de Foix*, sorti de sa captivité, devenu gouverneur d'Ax, et toujours si dévoué aux vaillants albigeois. C'était aussi sa pieuse sœur, Esclarmonde d'Alion qui, naguère avait tenté de jeter le catalan Corbaïro dans Montségur. Il est évident qu'Escot était un messager d'Esclarmonde, vicomtesse du pays de Sault. Loup de Foix, d'accord avec Roca et Alaman, bayles du comte de Toulouse, avait résolu d'arracher Montségur à la mort. Il réunit dans le Sabartez ses beaux-frères d'Astnave et d'Alion, ses amis de Lordat, de Rabat, de Castelverdun, Jordan et Ugo du Villar qui avaient défendu Montségur jusqu'à la Noël, et cet entreprenant et infatigable Pierre de Mazerolles qui, n'ayant plus la garde du sacerdoce albigeois, rôdait au dehors du bercail sacré comme un chien fidèle, et voltigeait incessamment sur les flancs de la montagne sainte. Ces vaillants chefs, à la tête de leurs vassaux, s'aventurèrent à travers les neiges par les gouffres fatidiques, tournèrent les sources de l'Hers, et gagnèrent le cours de la Frau, pour débloquer Montségur. Montségur répondit à l'attaque des faidits. Mais leurs efforts se brisèrent contre le camp français, et le cercle de fer, un moment entr'ouvert, se referma plus tenace sur la forteresse albigeoise.

Et qui sait même si cette flamme nocturne allumée sur les neiges de Bidorta n'était pas un stratagème pour relever le courage des défaillants, une invention des chefs pour inspirer à leurs compagnons un espoir qu'ils ne partageaient qu'à demi. Depuis longtemps, l'éloignement du comte, l'infidélité de l'hiver, la trahison des hommes et des éléments leur faisait présager tristement la chute de Montségur. Comme un navire en perdition qui s'allège de ses débris, Montségur évacuait ses blessés, ses défenseurs fatigués. De ce nombre furent Palaizi de Saint-Andréo et le médecin

Garnier du Mas Saintes-Puelles. A plusieurs reprises, Pierre-Roger avait fait transporter ailleurs le trésor cathare. Vers Noël, notamment, le diacre Matheus et son compagnon Bonnet emportèrent une quantité *infinie* d'argent et d'or. Les hommes de Camon, qui formaient le blocus de la gorge de l'Hers, secrètement dévoués à Pierre-Roger, leur ancien seigneur, laissèrent passer le trésor sacré. Les deux diacres le transportèrent dans la grotte d'Ornolac, dans le Sabarthez, tandis qu'une autre portion, moins considérable, restait encore enfouie, dans une caverne voisine, sous les forêts de Serrelongue.

*
* *

Le siège de Montségur durait depuis trois ans. Tous les efforts de Rome et de la France n'avaient pu enlever de ses rochers ce nid d'aigles pyrénéens. Cent chevaliers avaient tenu tête à dix mille agresseurs. Après dix mois d'escalade, la terrible *Gatta* abordait enfin le donjon : elle étreignait la forteresse ; elle lançait ses crampons, et tachait d'accrocher ses ponts aériens. Hélas ! tout avait trahi les défenseurs patriotes : l'empereur d'Allemagne, le roi d'Aragon, le comte de Toulouse, le comte de Foix, l'hiver même ; hommes et éléments tout les délaissait. La montagne seule était fidèle ; l'abîme qui l'entoure gardait seul son mystère ; mais des traîtres dont on a secrètement acheté le cœur, vont livrer la fidélité de la Roche et l'incorruptibilité du gouffre.

Par une nuit obscure, alors que les bruits s'éteignaient dans les murmures de la forêt, et que les chevaliers, après les combats du jour, s'abandonnaient au sommeil, tout à coup le cri d'alarmes, un cri subit, strident, éperdu, précipité, lugubre comme une menace de mort, retentit dans les ténèbres. Les chefs catholiques, conduits par des montagnards infidèles, avaient découvert enfin un de ces rares sentiers, perdus, verticaux, vertigineux, effroyablement suspendus sur l'abîme, tracés par ces hardis aventuriers qui pénétraient la nuit dans Montségur. Ils avaient escaladé la montagne du côté sud, égorgé les gardes de la tour de l'Hers et surpris les Albigeois endormis dans leurs cabanes et dans leurs grottes. Evêques, diacres, femmes, vieillards, enfants se lèvent en désordre dans l'obscurité et se réfugient en hurlant vers les murailles de la forteresse où les enveloppe à l'instant même le sénéchal. Le chef français, en effet, pendant cette attaque au sud, en faisait tenter une autre au nord, et des Basques, partis de la machine de l'évêque d'Albi à l'ouest, contournant le roc septentrional et rampant comme des écureuils, sous les racines mêmes du donjon, abordèrent au levant l'étroite estrade qui déborde sur l'Abès. De ce balcon de roc, les Basques et les Français, avides de sang et de butin, tâchaient d'enfoncer la poterne orientale qui venait de recevoir les fugitifs et d'escalader les murailles sous les flèches et les pierres qui pleuvaient des créneaux. Pierre-Roger de Mirepoix, pris entre les échelles du sénéchal et la machine de l'évêque qui lançait ses projectiles sur ce tumulte nocturne, fit cesser le combat désormais inutile. Il n'avait de choix que la reddition ou le massacre. — Retirez les échelles, cria-t-il aux Français, et du haut de la plate-forme, il entra en pourpalers avec le sénéchal.

Les deux chefs traitèrent de la reddition de la forteresse : les conditions furent que les hommes d'armes seraient remis au sénéchal, lieutenant du roi de France, et que les évêques, les diacres et tous les parfaits seraient livrés à l'archevêque de Narbonne, délégué de l'*apostole* de Rome. C'était pour les laïques la prison perpétuelle, et pour les ministres du culte, le bûcher. Pierre-Roger était un de ces hommes audacieux et rusés qui se tirent avec avantage des situations désespérées où d'autres ne sauraient que mourir magnanimement. Il exigea qu'on lui laissât l'or et l'argent, les armes, les meubles et tous les biens accumulés dans Montségur, d'où il sortirait accompagné de son ingénieur et de son chirurgien. Le sénéchal lui fit cette concession, qu'il obtint du consentement des évêques et des chevaliers patriotes, heureux, dans leur infortune, de conserver à la cause nationale ses richesses et son invincible chef. Quant à eux, ils étaient prêts pour la mort et les fers. Il eut été possible à quelques-uns de s'évader, à tous d'échapper au supplice par un volontaire trépas. Ils n'avaient qu'à s'élancer des créneaux dans l'Abès, fosse immense qui eût été le tombeau de cinq cents cadavres. Mais les défenseurs de Montségur s'y refusèrent unanimement : ils voulurent laisser un grand crime de plus à leurs bourreaux et un noble exemple de plus au monde. Cela convenu, Pierre-Roger répondit au sénéchal que le château lui serait livré au lever du soleil.

Ramon de Perelha n'apparaît jamais dans cette négociation : soit que Pierre-Roger se soit emparé du commandement, et que, dans ce moment suprême, la communauté albigeoise l'ait conféré à ce jeune chef résolu, audacieux et dominateur; soit que le noble vieillard l'ait résigné volontairement et qu'accablé par l'âge et la destinée, il n'ait pu que s'asseoir en silence sur la plate-forme de son château, comme un naufragé, muet et morne, sur le pont de son vaisseau qui s'enfonce dans l'abîme. Et, Montségur, en effet, sur ce sommet qui n'était plus qu'un écueil, n'était plus lui-même qu'un navire de granit en perdition dans un océan de neiges et de nuées. Quoi qu'il en soit, Pierre-Roger de Mirepoix apparaît seul dans la reddition de la forteresse cathare. D'après les conventions avec le séné-

chal, les soldats français et gascons s'écartè-
rent pour laisser aux assiégés la liberté de
faire leurs apprêts pour l'esclavage et pour la
mort.

Pendant ces apprêts, ceux qui devaient
mourir faisaient à ceux qui devaient survivre
leurs derniers présents et leurs suprêmes
recommandations. Amiel Aicard, qui paraît
avoir été le trésorier de l'église cathare, fut
chargé de sauver le trésor que, par précau-
tion, on avait caché dans la forêt, voisine de
Montségur. L'évêque lui adjoignit Ugo, Pey-
tasi et un autre parfait dont le nom s'est
dérobé à sa gloire et, après avoir reçu la
bénédiction des évêques et le baiser de paix
de leurs frères, les quatre héros s'éloignèrent
et disparurent dans la nuit. Que devinrent-ils ?
Selon les uns, Pierre-Roger les fit cacher dans
un souterrain d'où ils ne sortirent qu'après le
trépas de leurs amis et l'éloignement des
troupes du sénéchal. Mais selon d'autres, et
plus vraisemblablement, le chef fixa solidement un câble au mur oriental du château et
en lança l'immense rouleau dans l'espace
ténébreux. Les hardis Albigeois s'aventurèrent
dans l'effroyable précipice, et suspendus à ces
cordes flottant dans le vide obscur, glissant
de nœuds en nœuds le long du roc vertical et
nu, ils descendirent ainsi l'un après l'autre au
fond de l'Abès. Ils se cachèrent dans la forêt,
tirèrent le trésor de sa grotte, et la nuit suivante, ils se dirigèrent par le Sabartez vers le

château de So, voisin du Quérigut, où ils racontèrent à Esclarmonde de Foix, leur pieuse protectrice, les derniers combats et les derniers soupirs des défenseurs de Montségur.

.....Les heures s'écoulèrent pendant ces tristes apprêts, ces longs embrassements, ces suprêmes adieux ; puis quand le soleil se leva sur les monts lointains de Bélesta, l'évêque de Toulouse donna la suprême bénédiction à ces héros ; il fit ouvrir les portes et se remit avec son peuple aux vainqueurs. Le sénéchal, l'archevêque de Narbonne et l'évêque d'Albi firent, à mesure qu'ils sortaient, le triage pour la mort ou les fers. Ramon de Pérelha, Bérenger de Lavelanet, Arnauld-Roger de Mirepoix, les chevaliers de Rabat et d'Elcougost, tous ceux qui n'étaient que croyants furent enchaînés et remis en garde aux Français. Les évêques, les diacres, les parfaits, les diaconnesses furent eux conduits au bûcher.

L'évêque Bertran d'En Marti, suivi d'une longue chaîne de condamnés, garottés comme lui, descendit lentement la longue et sinueuse rampe du château, semblable à un roi qui va triompher avec son peuple. On contourna la montagne à l'ouest, dans la direction de Lavelanet ; on gagna par la gorge du Tremblement, la tête septentrionale de l'Abès, esplanade arrondie, entourée de rochers et de bois, et la seule qui fût assez spacieuse pour cet immense sacrifice. On fit halte, et comme quelques-uns des captifs s'étaient évadés, dans le tumulte, on les parqua, comme un troupeau, dans une enceinte de ramée fortifiée de pieux, et l'on alla couper des tiges de buis, de sapin, d'arbres résineux dans la forêt. Pendant ce temps, Pierre-Roger de Mirepoix, réservé par ses compagnons pour réparer leur infortune, relever la cause de la Patrie romane et fonder un autre Montségur sur quelque autre cime des Pyrénées, s'éloigna, libre sur la parole du sénéchal ; on ne lui demanda compte ni du meurtre des Inquisiteurs, ni de ses combats acharnés contre l'Eglise romaine et le Roi de France : il partit presque en vainqueur, dans cette effroyable ruine, suivi de son ingénieur, Bertran de la Baccalaria, et d'Arnauld Roquier, son chirurgien. Qui peut dire ce qui se passa dans le cœur de l'intrépide chef des faidits, lorsqu'il s'arracha de cette cime funeste où il laissait sa femme, sa famille, son peuple, parqué comme un troupeau, réservé la moitié pour les cachots et l'autre pour le trépas ? Il descendit vers Lavelanet et se dirigea vers Foix ; mais en tournant de temps en temps la tête vers sa noble forteresse, il pût voir monter en tourbillonnant une noire colonne de fumée, une nuée obscure d'où s'exhalait une vapeur de cendre humaine avec une odeur de cadavre brûlé, et dont l'ombre livide était sillonnée d'étincelles de feu comme des âmes qui s'envolent vers le ciel. Alors l'infortuné héros dut regretter de n'avoir pu mourir ?...

Le val supérieur de Montségur, en effet,

fumait comme un gigantesque autel triangulaire. Avec les troncs des sapins coupés dans la montagne, les débris des machines fracassées dans les combats et la charpente arrachée déjà de la forteresse, on avait construit sur l'esplanade du Tremblement et de l'Abès, un bûcher colossal. Le feu fut mis à ces matières desséchées ou résineuses, et l'archevêque de Narbonne, une dernière fois, somma les captifs de reconnaître l'autorité spirituelle du pape de Rome et temporelle du roi de France. Pour toute réponse, les Albigeois s'élancèrent d'un seul bond, en chantant, dans le foyer immense. Ils étaient deux cent cinq. Pendant que la flamme dévorait leurs cadavres, l'archevêque de Narbonne, les Français, les Gascons et les pâtres infidèles, rangés en cercle autour du bûcher, entonnaient en chœur l'hymne sainte **des** massacres de la Croisade.

*
* *

. . . .

Ainsi tomba Montségur.

Castellum romain en ruine, reconstruit par Esclarmonde de Foix, il reçut deux fois sur sa cime le sacerdoce cathare et les spoliés de la Croisade. La première hégire, après un relèvement magnifique, se termine par la victoire et le retour des Exilés dans les manoirs paternels. La seconde, après une lutte désespérée, se termine par le trépas, la captivité, l'éternel exil, une ruine irréparable...

Montségur fut, pendant trente-ans, une ousis d'indépendance, le champ d'asile du Midi, le Capitole des Proscrits pyrénéens. Ce sommet désert a défié deux des plus hautes cimes du monde :

Le Louvre et le Vatican !...

****

CONCLUSION

. . . .

Enfants des héros et des martyrs, nous étions venus sur cette cime pour évoquer la mémoire funèbre d'un peuple encore inconsolé !...

Montségur, pris par les Croisés, disparaît pendant six cents ans. L'inquisition l'enveloppe de mystère et d'oubli. Nul ne sait plus son histoire. Froissard passe dans la plaine, et le chroniqueur flamand, si curieux ne questionne pas ce chevalier. Montluc, Brantôme, d'Aubigné, du Bartas, Olhagaray le voient à l'horizon et n'interrogent pas ce témoin. Bayle le regarde, tous les jours, du Carla-le-Comte, et ce jeune et sagace investigateur ne consulte pas le vieux patriarche. Bayle est pourtant un enfant de Montségur. Aucun d'eux ne se doute que ces ruines renferment dans leurs flancs un monde de chevaliers, de troubadours et de martyrs. Dom Vaissette prononce le premier son nom, et Montségur se retrouve enfin, ses pierres sur cette cime, sa mémoire dans les cavernes de l'inquisition. Nous l'avons recueillie dans le cadavre desséché du monstre et dans la poussière des siècles.

La nuit tombait : nous ne pouvions nous arracher au cirque du grand holocauste. Nous murmurions les noms vénérés des 200 martyrs, nous respirions leurs cendres, nous respirions leurs âmes. Nous partîmes enfin avec leur bûcher dans le cœur. Sur la cime de Serre-longue, nous perdîmes de vue Montségur caché par le rideau des bois. La lune se leva sur la Montagne-Noire à l'Orient, pour éclairer notre retour. Son crépuscule baigna de sa lueur douce, onctueuse et fantastique, ces gracieux vallons de l'Olmès d'où montait la vapeur du soir. Sa lampe sépulcrale convenait à notre exhumation d'un monde d'ombres et de rêves. Notre pèlerinage nous semblait lui-même un songe. Nous descendions ces landes désertes entrecoupant de longs soupirs et de longs silences nos derniers entretiens sur Montségur. Un son lointain de cornemuse venait des villages environnants comme une plainte expirante du passé, et comme la voix éplorée des aïeux qui nous disaient : « *Souvenez-vous !* »

Oui, nous nous souviendrons, ô héros, ô martyrs, ô ruines de Montségur !...

Napoléon PEYRAT.

***

APPENDICE

. . . . , ...

<table>
<tr><td>FÉLIBRIGE
—
MANTENENÇO DE LENGODOC
—
ESCOLO
DE
MOUNT-SEGUR
—</td><td>Foix, le 1er juillet 1896.</td></tr>
</table>

Monsieur,

Nous avons pensé que l'Ariège qui, seule peut être parmi les anciennes provinces, a gardé une histoire glorieuse et indépendante jusqu'au commencement du dernier siècle, ne devait pas se désintéresser du grand mouvement de décentralisation qui s'effectue à l'heure actuelle.

C'est dans ce but que nous créons à Foix l'*Escolo de Mount-Segur*.

Nous avons l'intention de recueillir avec piété tout ce qui touche à l'histoire, aux traditions, aux coutumes et à la langue de nos ancêtres.

Nous voulons aussi, au moment de la Fête de Foix, provoquer annuellement des fêtes félibréennes et un concours de jeux floraux qui ne peuvent manquer d'ajouter quelque relief à notre cher département.

Vous ne vous dissimulerez pas l'importance d'une pareille entreprise, et vous comprendrez qu'en de telles circonstances nous venions faire appel à tous ceux de nos compatriotes éclairés qui, comme vous, peuvent donner à notre œuvre un appui moral d'une inappréciable valeur.

P. le Bureau,

Jean GADRAT, *secrétaire.*

L'*Escolo de Mount-Segur*, fondée en un jour d'enthousiasme, n'a guère vécu que ce que vivent les roses... Son œuvre qui promettait d'être féconde en créations poétiques, en résurrections historiques s'est tôt effondrée pour des raisons qu'il ne nous est pas permis d'approfondir. Cependant, de son passage trop rapide dans les annales littéraires du Comté de Foix, il reste quelques discours, quelques poésies en langue d'Oc, et c'est un de ces discours, une de ces poésies que nous voulons, en terminant notre œuvre sur Montségur, la *Roche tragique*, mettre sous les yeux de nos lecteurs. De tout temps, l'Histoire et la Poésie furent sœurs jumelles.

*
* *

La prumièro felibrejado de l'Escolo de Mount-Segur, par Agusto Teulié.

... Es à qualquos tirats de fusil de Lavelanet, al pè de l'antic castel de Mount-Segur, toumbel glourious de la lengo e de la patrio romano, que nous anan acampa qualques devots d'aquelo lengo qu'avèn soumiat de tourna fè tinda demès le pople ambe tout le poulidetje e la gracio pouetico des ancians troubadours. Es à la villa de Revirolos, en co del mestre escrivan en parla d'Oc Artur Caussou, que nous aparian, aquel joun, sept nouirigats de l'Ariejo, per founda uno *Escolo felibrenco* ount se vendran abarreja toutis aquelis que gardou dins lour cor l'amour del pays mairal e de soun parladis tan bel.

Se vous agrada pauc ou prou, braves amics, boli vous counta nostro proumièro felibrejado : les pots m'en fan tifo-tafo.

Miedjoun n'a pos encaro repicat al relotje de Lavelanet quand arrivan à Revirolos. Aqui trouvan d'abord le joube Francis Marty, membre de l'Escolo felibrenco de Toulouso, e tabes le grand felibre del Lauragues, *Prosper Estieu,* l'amic e disciple d'*Agusto Fourès,* le cantaire ta pouderous de nostre Lengodoc. Me vous cal dire qu'es sustout al valent Estieu que l'Escolo de Mount-Segur dèu soun espelhido. Le sapient e delicat autou del « *Terradou* », le qu'appèlon deja le Mistral del Lengodoc, nous porto dounc l'ajudo preciouso de soun engent pouetic e, per aqueste maiti (le capoulier me perdoune) de... sa fourcheto !

Aro, aurio trop de que fè, vertat, se voulio counta tout le charradis que tenguéguen les taulejaires. Pourtant, digus nou debrembec qu'éro la proumièro felibrejado de la nouvelo Escolo ariejoueso. Tabes, al dessert, Caussou prenguec soun beyre, se levec e nous diguec :

« Brabes amis,

Bous beni proupousa uno darniero rajado à la reussito de nostro Escolo de Mount-Segur dount tout le meriti de la fouudatiu reben al nostre amic, le pu grand felibre de Lengodoc, *M. Prosper Estieu.*

Escolo de Mount-Segur !...

Mount Segur, salut ! O miracle, an aquel noum... gaitats.

Es sur le cap d'Estieu e sur les bostres, les besi, que les famousis bataillurs de Mountsegur, que defendion assi, y a mes de sieys cents ans, countro les Rispous del Nord, e nostro terro e nostro libertat, es sur bostris frounts, disi, les besi, que brandissen, abey, les lauriers de la resurectiu.

Al lendema de Pasquos, etz benguts d'agenouillous, al pe de la Roco de Mount-Segur, fantous pietadouses, et abetz noumensatz les martyrs...

A bostro boux, uno larmo de bounhur a rajat de lours'els curats, louris osses an cascallejat en fresiment, las lausos dels toumbels an alisat, e, de cop, jous lour susari ennensat, les besets toutis, ne manco pas un, quillats à l'entour de la Roco Santo per bous bada, bous aus... les aimats.

Gaitatz-les soun a l'entour de Sant-Jean le disciple delectat de Nostre-Seigne e la couloumbo del Paraclet alatejo jusquot a las brumos.

Mount-Segur... a ta rebiscoulado!!

. . . .

E penden que l'eudro del debrembie curo en griffo la closco des gaüses de la térro de Chebruso (patrio de Montfort), besets greilhar e puntejar jous la neu l'immourtelo roujo qu'amantoulo les tabuts d'Esclarmoundo, del counte Jouhe, de Ramon-Roger, de Guilhabert de Castros, des doutse effans de Belisseua, de Ramon de Perelha, de Jordan, de Beranger de Lavelanet e de toutis les brabes qu'en jiscau le darnier farfail marmusabou louris poutots affaillits :

Terro d'Oc ! Mountsegur ! Libertat !

. . . .

Beben, amics, beben à la santat de toutis felibres e juren de rendre bertadiero la debiso de Bebar :

Beyren pu leu la mar tarido,
Toutis les morts tournats en bido,
E le glas pu caut que le foc,
Abans que nostro lengo d'Oc,
Lengo claufido d'harmonio,
E maï que coumblo de genio
Sio jamaï banido d'enloc.

Me ba jurats, brabes amics, et sur bostro bandiero crincado su' la Roco de Mount-Segur mercarets la fiero debiso de nostres coumtes les balents :

Toco-y se gausos !

Sense uno paraoulo, le cor macat, las mas se crouseguen sus la taulo... E per uu couenh de finestro, ala naut, demès las rocos encaro enneusados, dins le blu del cel, le castel do Mount-Segur escabessat, mais toutjoun dreit e coumo fier de soun estroupiaduro, s'anautabo bravoment sus soun roucatel d'acier.

E, dins un fum de glorio, deja nous arre-membravon t ut siau les noums de la pouetico Esclarmoundo, de Ramon de Perelha le guer-rejaire, de Guilhem de Tudélo, l'afric trouba-dour, e des autris aujols martyrs de Mount-Segur. Mentre qu'Estieu se lèvo e de sa voux arderouso e bressairolo coumo uno musico, nous dits aqueste pietadous *sirventes :*

MOUNT-SEGUR !

O castel de Mount-Segur,
Inspiro-me un cant venjaïre
Couutro l'Nord ensannejaire
E lous amics de l'Escur !
Que tas peiros ennegridos
Me diguen lou temps passad
E tas esperos caridos !

Lou miu vot lou mais presad
Es de celebrar ta glorio.
Ai bebut dins toun istorio
L'azir pe'l que ta' brasad.
Cal que moun vers lou clabele,
Lou fer abesque Durand,
E que l'ourrour l'emmantele !

O Perelho, aujol tant grand,
E tu, tant grando Esclarmoundo,
Ausissetz la lengo moundo
Que vostris filhs parlaran
Malgrat crousado e counquisto !
Dins moun cant va vous venjar
Aqu lo lengo requisto.

Poudion vous escumenjar
Las mitros, crossos e crouses :
Sus vostre roc, anturouses,
Laissabetz lour fel rajar !
Mas, quand, coumo uno trumado,
Roumo vous mandet Mountfort,
Espanteretz soun armado.

Mais que vous se cresio fort
Aquel loup sourtid de Franso,
Qu'abio nouirid l'esperanso
De viure de vostro mort.
E, pr'aco, deves la plano
Tournet coumo ero vengud,
Sens troubar bestios à lano.

Las qu'abion aparegut
As sius uelhs tant invejouses
Eroun liouns couratjouses
Que jamais l'abion crengud.
I abio aqui Guilhem de l'Ilo
Alzeu, filh d'Adalaïs,
Izarn que ne valio milo,

Jourdan del Vilar, païs
Qu'es pas lenh de moun Fendelho,
Jan Adeimar de Roudelho
E las domnos Alpaïs,
Brunissen, Corbo, Ermengardo,
Qu'amb lours omes e lours filhs,
Tabe fasion bouno gardo

Abion cantat coumo grilhs
Subre la roumano terro ;
Mas aro l'inico guerro
Cambiabo lours remenilhs
En clamour tant azirado,
Se mesclant al vent del Cers,
Qu'elo salvet l'encountrado.

Ailas ! las ribos de l'Ers
Debion aber courto joio.
Ero uno trop belo proio,
P'r aquelis catoulics fers,
Mount-Segur, nids d'eretjio,
Per qu'un journ troumbesse pas
Al pouder de la clergio.

Aro, l'ouro del trespas
Va tindar per la patrio ;
Roumo a parlat : — Li atrio
Que l' pople d'Oc siogue en pax.
P'r elo, lou mot pax vol dire :
Guerro e mort à l'Espirit
E l'Eretje cal aucire !

Alabets, encoulerid,
Lou bisbe Duran arribo.
Jamais armado paribo
T'abio tant endoulourid,
Païs d'Olmes ! Soun dex milo
Qu'enrodoun toun ourizoun
Coumo p'r un sieti de vilo.

Elis, amount, quantis soun ?
Tres cents, las domnos coumptados.
Leu, las tentos soun plantados,
L'Archo es cambiado en presoun.
Lou cap des abets s'acato
Sus penjals de Mount-Ferrier :
L'ost des Crouzads fa 'no gato.

E, de l'Ers al Lectourier,
Riu que coumo un troun dabalho,
La nueit e l' journ se rambalho,
Cado Creusad es oubrier ;
Mas, ja! la pou lous aganto,
Quand Rouger de Miropeis
Mostro sa lanso jiganto !

Mentretan, la gato creis ;
Es la mourtalo enamigo.
Aro, à passes d'afourmigo
Mounto sul puech e pareis
Al ran de la barbacano
Tre que toco lous faidits,
Coumo mirgos lous escano.

La rabio al cor lous mourdits ;
La perdoun pas, l'esperanso
De veire lour delibranso !
Dins la mesclo soun grandids
De mais de milo couidados :
Oli bulhent, foc greges,
Matrassinos abrandados,

Balistos qu'esparnhoun ges,
Pego foundado e roucasses,
Tout aco plou à labasses
Del fier castel albiges
Sus la catoulico armado,
Sus la gato mais-que-mais,
Qu'es pla leu medjo cremado.

Elo, feroujo, à bel cais
Las autos parets moussego,
Las engruno, las rousego
Coumo s'ero vist jamais.
E lou Coumte, l'Imperaire,
Tabe Jaicme d'Aragoun,
D'Aragoun, lou pople fraire,

Malgrat lour malcor prigound,
Ailas! toutis laissoun faire...
Duran sera trioumfaire,
Tout se coumplira segoun
La paraulo del Sant-Paire.
Paraclet! lou Vatican
Cal que sio toun aclapaire!

Cal que vencigue, emplegan
L'escumenjo e la flambado!
Vei-lo per toutjourn toumbado,
Sul Tabor, nouvel voulcan,
O Roumo, la couloumbelo,
Blanc simbel d'un pople grand
Qu'abio 'no amo subrebelo!

Lou Sant-Paire es soubeiran!
Glorio al Deus de soun armado!
La rasso eretjo es cremado,
Es cremado per Duran!
Puei, la clamour acalhado,
Dejoubs lou cel s'espandits
Uno oudour de carn grilhado.

Mount-Segur! des tius faidits
La grano s'es pas perdudo ;
Seis secles s'es escoundudo,
Mas tourna grelho e grandits
Dins d'autres cors arderouses,
E p'r elis soun azirads
Tous bourreus pourtant de crouses!

Oc, pe 's faidits engendrads,
Abem jurat lour revenge.
Que Roumo nous escumenge
E ne serem ounourads...
Auzor! Auzor! o mius fraires!
Per lou Remembre encourads,
Delibrem nostris terraires!

Aquelo majo pesso es dediado an Artur Caussou. N'ai pos besoun de vous dire se fasquèguen festo al grand felibre que la Glorio toco deja de soun alo e que *l'Escolo de Mount-Segur* es tant urouso de veire à soun cap.

Aprets el, en se fèn prega un chicoutot, parlec la tant jento doumaiselo Marie Caussou, gagnairo des Jocs flourals de l'Atheneo de Toulouso, e que, nouvelo Esclarmoundo, sira pes Felibres l'estelo besiado que lugrejara toutjoun sus la bauhèro de Mount-Segur.

Apey encaro Dunac debitec uno odo à l'Ariejo, Rigal un sounet pla lifrat à la vilo de Fouich, Teuhé un sounet à Mount-Segur, Aybram uno lejendo de las pu poulidos de l'Ariejo mountagnolo, e que savi yeu : cadun y anec de la siu. Anfin, le capiscol se levec e entounec *la Cansou de la Coupo*, de Mistral :

Coupo santo,
E versanto...

Es sus aquel refrèn que la taulejado prenguec fi.

Uno estouno aprets, dins le cabinet del capiscol, sinnabon la letro demandan al Capoulier del Felibritje soun agradomen per la foundatiu de *l'Escolo de Mount-Segur.*

A quatre ouros, diguèguen adissiats à nostre couvidaire e à sa familho, mais s'acabec pos tout atal. La felibrejado se countunhec la neit à Fouich, enzo de Gadrat, ount les Felibres fèguen recevuts sul mêmo pè qu'à Revirolos.

* *
*

Anen, braves Ariejoueses, pouirets veire lèu que la pouesio populario n'es pos encaro morto dins le pays de Fouich. Aro va reflouri en bèlis ramels, la lengo des Troubadours, autris cops la lengo la pu poulido de l'Uropo! Nostre parladis, le parladis des paysans, aro va tourna fè brounzina sirventes et cansous. Gaitats! tout le Miedjoun se bouludo, e de Bayouno à Avignoun, empertout respoumpis le vielh parla d'Oc!

Anen, venets ambe nous aus toutis aquelis dount le cor tremolo al soul noum d'Ariejo e

que voulets canta la pouesio de sas mounta-
gnos flouridos ou closcopelados, de sous rius
cascalhejaires et de sous prats mirgalhats.
Venets toutis aquelis qu'abets al cor l'amour
affougat de la petito patrio mountagnolo :
toutis aquelis que voulets que dins le moun
nous appèlen de nostre noum de Franseses,
mais qu'en Franso, nous appèlen de nostre
bel noum : ... ARIEJO.

FIN

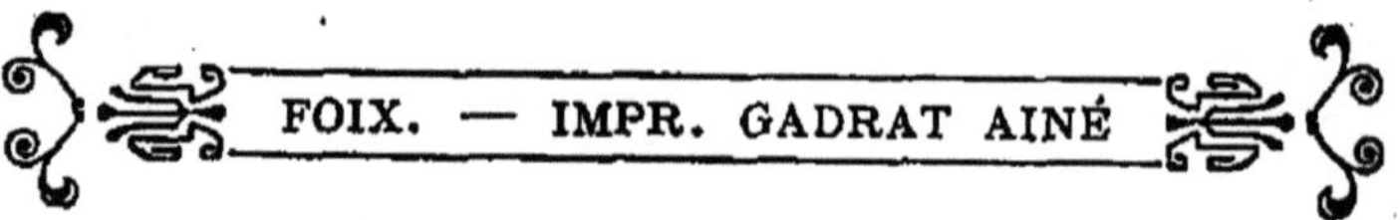

FOIX. — IMPR. GADRAT AINÉ

LIBRAIRIE GADRAT AINÉ
à Foix (Ariège)

GAUSSEN (Louis). — *Les Noces macédoniennes,* préface de Jules VERNE............... 2 fr.

— *En Ariège* .... 1 fr.

— *Montségur, roche tragique*............. 1 fr.

PASQUIER et ROGER. — *Le Château de Foix,* ouvrage orné de gravures............. 2 fr. 50

BORDES (PAUL). — *Foix, ses tours et son château*................................ 1 fr. 25

TRUTAT (E.). — *Traité élémentaire d'agriculture du Sud-Ouest*......................... 1 fr. 25

BABY (PAUL). — *Guide-Route du Touriste et du Baigneur dans le département de l'Ariège*, avec une carte du département et une de l'Andorre. Prix : 2 fr. — Par la poste................ 2 50

COURTEAULT et PASQUIER. — *Chroniques romanes des Comtes de Foix,* composées au xvᵉ siècle par Arnaud Esquerrier et Miégeville, publiées sous les auspices de la Société Ariégeoise. Prix : 4 fr.; sur papier de fil...... 5 fr. (Pour frais de poste, ajouter 0 fr. 75).

L'Almanac patoues de l'Ariejo illustrat. 0 fr. 15

Album illustré d'Ax-les-Thermes, sans carte .... 0 fr. 75

Cartes postales illustrées............... 0 fr. 05

EN PRÉPARATION

ROGER (R.). — *Les Églises romanes du pays de Foix et du Couserans.*